Katharina Woellert

Praxisfeld Klinische Ethik

Theorie, Konzepte, Umsetzung am Universitätsklinikum Hamburg-Eppendorf

herausgegeben von

B. Göke | J. Prölß | P. Osten

mit Beiträgen von

R. Albrecht | H. Grahn | P. Hahlweg
M. Härter | G. Richter | D. Singer

Medizinisch Wissenschaftliche Verlagsgesellschaft

Die Autorin

Dr. phil. Katharina Woellert
Institut für Geschichte und Ethik der Medizin
Universitätsklinikum Hamburg-Eppendorf
Martinistraße 52
20246 Hamburg

Die Herausgeber

Prof. Dr. med. Burkhard Göke
Joachim Prölß
Prof. Dr. med. Philipp Osten
Universitätsklinikum Hamburg-Eppendorf
Martinistraße 52
20246 Hamburg

MWV Medizinisch Wissenschaftliche Verlagsgesellschaft mbH & Co. KG
Unterbaumstr. 4
10117 Berlin
www.mwv-berlin.de

ISBN 978-3-95466-604-1

Bibliografische Information der Deutschen Nationalbibliothek
Die Deutsche Nationalbibliothek verzeichnet diese Publikation in der Deutschen Nationalbibliografie; detaillierte bibliografische Informationen sind im Internet über http://dnb.d-nb.de abrufbar.

Produkt-/Projektmanagement, Lektorat: Anja Faulenbach, Berlin
Copy-Editing: Monika Laut-Zimmermann, Berlin
Layout & Satz: zweiband.media, Agentur für Mediengestaltung und -produktion GmbH, Berlin
Druck: Beltz Grafische Betriebe GmbH, Bad Langensalza

Zuschriften und Kritik an:
MWV Medizinisch Wissenschaftliche Verlagsgesellschaft mbH & Co. KG, Unterbaumstr. 4, 10117 Berlin, lektorat@mwv-berlin.de

Katharina Woellert

Praxisfeld Klinische Ethik

Medizinisch Wissenschaftliche Verlagsgesellschaft

Die Beitragenden

Prof. Dr. Ruth Albrecht
Institut für Kirchen- und Dogmengeschichte
Universität Hamburg
Gorch-Fock-Wall 7, #6
20354 Hamburg

Dr. med. Hanno Grahn
Universitäres Herz- und Gefäßzentrum
Universitätsklinikum Hamburg-Eppendorf
Martinistraße 52
20246 Hamburg

Dr. phil. Pola Hahlweg
Institut und Poliklinik für Medizinische Psychologie
Universitätsklinikum Hamburg-Eppendorf
Martinistraße 52
20246 Hamburg

Prof. Dr. phil. Dr. med. Martin Härter
Institut und Poliklinik für Medizinische Psychologie
Universitätsklinikum Hamburg-Eppendorf
Martinistraße 52
20246 Hamburg

Prof. Dr. med. Gerd Richter
Dekanat Fachbereich Humanmedizin
Ethikkommission
Philipps-Universität Marburg
Baldingerstraße 1
35032 Marburg

Prof. Dr. med. Dominique Singer
Sektion Neonatologie und Pädiatrische
Intensivmedizin
Universitätsklinikum Hamburg-Eppendorf
Martinistraße 52
20246 Hamburg

Statt eines Vorwortes: Burkhard Göke im Gespräch mit Joachim Prölß

Göke: Als ich 2015 nach Hamburg ans UKE kam, war ich überrascht, wie weit die Praxis einer Klinischen Ethik bereits in den Versorgungsalltag eingedrungen war und dass man berufsgruppenübergreifend mit echter Begeisterung diskutierte. Die Phase der reinen Reflexion zur Notwendigkeit und Wirkung von Ethik in der Klinik schien mir fast wie abgearbeitet.

Prölß: Genau, schon 1980 startete am UKE eine Seminarreihe zu „Ethische(n) Grenzproblemen der Medizin", die dann 1986 von Winfried Kahle als „Interdisziplinäres Ethikseminar" fortgeführt wurde. Das Bedürfnis bei den Studierenden, aber auch Mitarbeitenden der Pflege und des ärztlichen Dienstes war sehr groß und diese frühe Form einer „Ethikschule" fand großen Anklang. Am UKE ging es dann eigentlich stetig voran und letztlich haben sich tatsächlich „ethische Bemühungen" in institutionalisierten Formen entwickelt. Es gab den klaren Auftrag, sich in der klinischen Praxis um konkrete Vorschläge und Lösungen bei ethischen Problemen oder gar „Zwickmühlen" zu kümmern.

Göke: Ein „Krisengefühl" im Medizinbetrieb besteht schon länger und Vorschläge zur Abhilfe kamen eigentlich noch früher auf. Ich erinnere mich an die bereits 1962 vorgetragene Kritik des Züricher Psychiaters Eugen Bleuler am „autistisch-undisziplinierten Denken" in der Medizin, wo Denken ohne Rücksicht auf die Grenzen der Erfahrung, ohne Kontrolle der Ergebnisse an der Wirklichkeit und Verzicht auf logische (Selbst-)Kritik beklagt und ärztliches Handeln eingefordert wird, das sich am Wohl der Kranken ausrichtet und die betreuten Menschen ernst nimmt. Der Arzt habe sich vom „wildgewachsenen Pfuscher" zu unterscheiden. Felix Anschütz brachte 1987 einige wichtige Grundgedanken zur „ärztlichen Ethik als Grundlage ärztlichen Handels" vor, die schon alle Begrifflichkeiten unseres aktuellen Diskurses anführt.

Prölß: Heute gehören philosophische Texte zur Ausbildung in den Medizinberufen. Humanismus und Aufklärungsphilosophie werden berührt. Kategorischer Imperativ, Mündigkeit, Humanismus bei Kant, Toleranz, Vielfalt als etwas Gutes bei Lessing, Verantwortung für Menschenwürde bei Jonas und Albert Schweitzers Menschenliebe werden genannt. Aber Theoretisieren und Handeln sind schon unterschiedliche Herausforderungen. Die Frage ist, ob alle diese Begriffe und Schlagworte eine Situation widerspiegeln, die der naturwissenschaftlichen Medizin eine ethisch fundierte Grundlage bereitet. Für mich geht es um den Umgang mit den kranken Menschen, aber auch zwischen den Berufsgruppen, den Menschen im Team, wo dann

Begriffe wie Wertschätzung, Augenhöhe, positives Menschenbild, Transparenz, Innovation und Leistung mit Menschenwürde, persönliche Integrität, Fairness und Vertrauen keine Worthülsen sind.

Göke: Mir gefällt schon, dass das Gespräch über Konzepte, Theorien und Grundsätze bei unseren klinischen Überlegungen zur Normalität wird. Aber aus der Not, dem Bedürfnis der idealen Vorstellung zur Praxis musste ja Praxis entstehen. Es wurden im Land vermehrt Klinische Ethik-Komitees als Reaktion auf die Professionalisierung des Medizinbetriebs und die Erfolge in der Medizintechnik eingerichtet, die den Fortschritt in der Medizin nicht nur naturwissenschaftlich-technisch, sondern auch mit der Entwicklung eines modernen Humanismus beantwortete. So wurde aus der klösterlichen, religiös motivierten Barmherzigkeit ein reflektierter Humanismus in der Medizin sichtbar.

Prölß: Mit Gutmenschentum hatte das aber nichts zu tun. Das war eine Reaktion auf die veränderten gesellschaftlichen, ökonomischen, organisatorischen und technischen Rahmenbedingungen des medizinischen Betriebes. Immerhin wird seit 1997 diese Entwicklung bei uns in Deutschland diskutiert. Die Existenz von Klinischen Ethik-Komitees wird heute als Qualitätskriterium von Krankenhäusern betrachtet. Es gibt aber kritische Stimmen, die bezweifeln, ob das theoretische Konzept wirklich umgesetzt wird oder überhaupt umsetzbar ist. Wir stellen uns am UKE dieser Diskussion und glauben fest daran, dass die gesamte Ethikentwicklung allen Beteiligten, insbesondere auch den Patientinnen und Patienten, hilft. Mit der Bestellung einer Vorstandsbeauftragten für Klinische Ethik und der Gründung eines Klinischen Ethik-Komitees (KEK) sowie der Förderung durch den UKE-Vorstand wurde die Klinische Ethik am UKE nachdrücklich gestärkt und hat zu einer beeindruckenden Entwicklung derselben geführt. Das vorliegende Buch dokumentiert das sehr anschaulich.

Göke: Das stimmt. Aber mich beschäftigt, wie „Ethik" im diskursiven Kontext unseres UKE für die Beteiligten in der Praxis wahrnehmbar wirkt. Ist das Gespräch vor allem ein rationales Verfahren der Entscheidungsfindung in moralischen Konfliktsituationen? Ist die praktizierte ethische Reflexion vor allem prozedural eine Art von Ausgestaltung personaler Beziehungen zwischen Menschen, die im Alltag auch dann zusammenarbeiten müssen, wenn sie die Probleme in einem Krankenhaus unterschiedlich wahrnehmen oder bewerten? Oder ganz einfach auf den Punkt gefragt: Was ist das Ziel ethischer Kommunikation in Klinischen Ethik-Komitees – Problemlösung oder Problembeschreibung?

Prölß: Und wie lässt sich die Wahrnehmung von solchen Konflikten ethisch beschreiben? Die Wahrnehmung eines „Falles" ist die erste Herausforderung. Und häufig entsteht um einen Fall eine Art Bauchgefühl, das noch nichts mit einer ethischen Problemlage zu tun hat. Da gibt es dann eher Unbehagen, Unverständnis oder, worauf Rouven Porz so gut hinweist, ein „interdisziplinäres Kommunikationsproblem". Wann sollte man dann die Ethikkommission oder die Ethik-Fallberatung einschalten? Ist das bei den Behandelnden der verschiedenen Berufsgruppen ein Eingeständnis von eigenem Versagen? Es gibt noch mehr wichtige Fragen um das Ethikgeschehen in der Praxis.

Göke: Genau. Soll seitens „der Ethik" beraten, unterstützt oder sogar entschieden werden? In den USA steht ja „Ethics Consultancy" und dabei besonders auch die Wahrung von Patientenrechten im Vordergrund, in Europa geht es doch eher um „Ethische Unterstützung" der Versorgenden, oder?

Prölß: Hier finde ich die „Standards für Ethikberatung in Einrichtungen des Gesundheitswesens" von 2010, vorgelegt von der deutschen Akademie für Ethik in der Medizin, wirklich hilfreich. Die besagen, dass das Ziel einer ethischen Unterstützung sei, die betroffenen Personen und Institutionen bei ethisch schwierigen Werteabwägungen in ihrer Entscheidungsfindung zu unterstützen. Es werden zielführend Begriffe wie „Transparenz", „Werte- und Interessenskonflikt", „ethische Unterstützung" und „Entscheidungsverantwortung" aufgebracht. Porz weist hier aber immer auch auf die „Hauptverantwortung des Patienten hin, für ihn betreffende Entscheidungen". Also es geht um Versorgende und Patienten.

Göke: Ich fände es sinnvoll, wenn sich die Klinische Ethik noch viel weiter fassen ließe. Die Reflektion unbewusster Handlungen und Routinen im klinischen Alltag sollte auch dabei sein. Berufsrollen sind zu hinterfragen. Da finde ich den Hinweis des von Ihnen schon zitierten Rouven Porz aus Bern ganz wichtig, der ein Stereotyp beschreibt, dass Ärzteschaft und Pflegende oft die „gleichen Werte" teilen, oder zumindest mitteilen, aber Ärztinnen und Ärzte dann doch andere Handlungsanweisungen davon ableiten als Pflegende.

Prölß: Das gibt es tatsächlich nicht so selten. Aber in unserer „Ethik-Welt" am UKE ist auch genau das ein Thema. Klinische Ethik beschäftigt sich auch mit berufsethischen Relevanzen in Verbindung mit den Berufsrollen. Aber da kommt mir dann auch die Einwirkung von eigenen, persönlichen Moralvorstellungen in den Sinn, die von den Ansprüchen der Berufsrollen abzugrenzen sind.

Göke: Also, das „Praxisfeld Klinische Ethik" am UKE ist schon weit über die Klassiker der Ethikkommission hinaus wie künstliche Ernährung, Sterbenlassen, Zwangsmaßnahmen, Bestimmung des mutmaßlichen Patientenwillens mit Mutmaßung über eine faktisch nicht mögliche Willensentscheidung. Das sind schon so die „Schaufensterthemen", oder?

Prölß: Ja, Klinische Ethik am UKE ist viel umfänglicher und differenzierter unterwegs. Um das nachzuvollziehen, lohnt sich die Lektüre des vorliegenden Textes. Frau Woellert hat hier mit allen Mitschreibenden wunderbare Arbeit geleistet. Ich bin wirklich begeistert und hoffe, dass diese Publikation unserem Anliegen hilft, noch weiter mit unserem Projekt der Entwicklung der Klinischen Ethik in der Praxis des UKE voranzukommen. Wir werden es einsetzen bei der „Hamburger Weiterbildung zum Berater*in für Ethik im Gesundheitswesen", bei den Führungskräfteschulungen am UKE und hoffen auf Resonanz in den Ethik-Netzwerken „Hamburger-Ethik-Netzwerk (HEN)" und „Ethik im Norden (EiN)", wo wir mit Begeisterung beteiligt sind.

Göke: Ich finde, dass das Buch sehr gut zu unserem Ansatz zur Klinischen Ethik passt: pragmatisch, problem- und lösungsorientiert. Es geht im Kern nicht um theoretische Probleme, welche sich als Widersprüche zwischen unterschiedlichen theoretischen Positionen bestimmen, sondern wesentlich um soziale Konflikte wertbehafteter Fragen aufgrund faktischer und empirischer Gegebenheiten in der medizinischen Versorgung von kranken und leidenden Menschen. Da freut mich auch die positive Kritik und Anerkennung des gestandenen Medizinethikers Gerd Richter. Ich werde das Buch immer wieder gern in die Hand nehmen.

Prölß (lacht): ... und hoffentlich aufmerksam darin lesen!

Inhalt

1 Einleitung

Die Medizin hat sich in den letzten Jahrzehnten rasant entwickelt. Dadurch ergaben sich Fragestellungen, die heute unsere Wahrnehmung von moderner Gesundheitsversorgung wesentlich prägen. Sind einem hochbetagten Krebspatienten die Belastungen einer intensiven Chemotherapie zuzumuten, wenn er krankheitsbedingt außer Stande ist, sich selbst dazu zu äußern? Oder ist diese Therapie gar geboten, weil ein hohes Alter nicht dazu führen darf, Notleidenden medizinische Unterstützung vorzuenthalten? Wie gehen wir mit Patienten um, die sich einer lebensrettenden und dazu nur mäßig belastenden Operation verweigern, wenn sie ihr Anliegen zwar sehr differenziert äußern, zugleich aber auf ein schamanisches Heilsritual vertrauen? Ist es vertretbar, einen Menschen, der sich unruhig verhält und seine für die Therapie notwendigen Infusionskanülen immer wieder herausreißt, zu fixieren und damit gewissermaßen ans Bett zu fesseln?

Diese Situationen ereignen sich im Krankenhaus beinahe täglich. Sie berühren auch ethische Aspekte. Wir gehen heute von dem Anspruch aus, dass zu einer qualitativ hochwertigen Versorgung von Patientinnen und Patienten ein professioneller Umgang mit solchen Fragestellungen gehört. Aus diesem Grund ist Ethik zu einem festen Bestandteil der Inhalte geworden, die im Studium und der Ausbildung von Gesundheitsberufen vermittelt werden. Viele berufsspezifische Ethikkodizes verweisen auf die Bedeutung einer angemessenen Auseinandersetzung mit ethischen Thematiken (Montgomery et al. 2018; International Council of Nurses, ICN 2012). Auch in gesamtgesellschaftlichen Debatten nehmen medizinethische Fragestellungen einen großen Raum ein. Die Widerspruchslösung im Zusammenhang mit

Organtransplantationen, die Zulässigkeit einer allgemeinen Impfpflicht, das Verbot, auf das Angebot eines Schwangerschaftsabbruchs aufmerksam zu machen, die Ökonomisierung im Gesundheitswesen und die Bewertung einer ärztlichen Beihilfe zur Selbsttötung sind Themen, die öffentlich diskutiert wurden und zum Teil auch noch werden. Diese Liste ließe sich um viele weitere Beispiele ergänzen. Im Rahmen der Covid-19-Pandemie sind zudem Themen wie die Triage, also die gerechte Zuteilung intensivmedizinischer Versorgung, der Umgang mit Besuchsverboten und der Zugang zu der noch knappen Impfkapazität von Bedeutung. Hieran zeigt sich das starke öffentliche Interesse an einer Patientenversorgung, die hohen moralischen Maßstäben genügt. Auch der Deutsche Ethikrat, der als unabhängiges Gremium die Bundesregierung berät, Stellungsnahmen verfasst und der gesamtgesellschaftlichen Debatte ein Forum gibt, ist hierfür ein Ausdruck (www.ethikrat.org).

Und dennoch: Im Alltag eines Krankenhauses gelingt es oft nicht in ausreichendem Maß, ethische Fragestellungen professionell zu klären. Dieser Eindruck entsteht zumindest dann, wenn moralische Dilemmata im Einzelfall unauflösbar erscheinen oder Einflüsse, wie beispielsweise viele unbesetzte Stellen, lange Wartezeiten oder eine ungeschickte Kommunikation, dazu führen, dass die Versorgungsleistung nicht den selbst gesetzten moralischen Ansprüchen gerecht wird. Hier setzt die Klinische Ethik an. Sie verfolgt das Ziel, moralisch problematische Situationen besser wahrzunehmen und den Austausch über ethische Fragestellungen zu fördern. Hierzu darf sie keine reine Etikette sein. Die Aufnahme von ethischen Grundsätzen in das Leitbild eines Krankenhauses oder die Ernennung eines Klinischen Ethikkomitees allein reicht nicht aus. Klinische Ethik muss vielmehr zum integralen Bestandteil der Organisation Krankenhaus werden. Das vorliegende Buch beschreibt, wie das gelingt.

Es gibt viele Möglichkeiten, Klinische Ethik wirksam in den Strukturen eines Krankenhauses zu verankern. Immer aber ist sie dabei auf Einzelne angewiesen, die im Einverständnis mit der obersten Leitung eines Krankenhauses strukturiert und kenntnisreich für die Klinische Ethik handeln. Das können hauptamtliche Klinische Ethiker und Ethikerinnen ebenso sein wie nebenamtliche. Prinzipiell können Ethikthemen in jedem Zuständigkeitsbereich stärker eingebunden werden: Chefärztinnen können hier ebenso handeln wie Pflegedirektoren, Oberärzte und Stationsleitungen, Angehörige aller Gesundheitsberufe auch außerhalb von Leitungsfunktionen und auch Seelsorgende, Sozialarbeiter, Qualitätsmanager und Ehrenamtliche.

Einzelne können aber niemals allein Ethikstrukturen aufbauen und eine ethische Unternehmenskultur fördern. Eine wirksame Klinische Ethik ist auf das Zusammenwirken aller angewiesen. Das gelingt über eine strukturierte Planung. Voraussetzung ist auch, dass die Beteiligten über umfangreiche Kenntnisse über Voraussetzungen, Grundlagen und Techniken Klinischer Ethik verfügen. Dieses Buch hat das Anliegen, diese zu vermitteln. Es richtet sich an alle, die sich für Klinische Ethik engagieren – unabhängig von ihrem Grundberuf, ihrer hierarchischen Position und den Aufgaben, die sie im Rahmen der Klinischen Ethik erfüllen.

Das Buch gliedert sich in drei Teile. Im ersten Teil werden die Grundlagen für die Auseinandersetzung mit Fragen Klinischer Ethik ausgeführt (s. Kap. 2 *Basiswissen Klinische Ethik*). Hier geht es um ein Grundverständnis der Begriffe Moral und Ethik, das zugleich viele Ansatzpunkte für das praktische Agieren im Rahmen der Klinischen Ethik aufzeigt. Diese ist, als Teilbereich der angewandten Ethik, eine sogenannte Bereichsethik. Das heißt, dass sie sich mit ethischen Fragestellungen aus einem spezifischen Lebensbereich befasst (Stoecker 2011). Der Begriff Klinische Ethik deutet an, dass sie primär in die Gesundheitsversorgung in einem Krankenhaus eingebettet ist. Im Wesentlichen sind die Inhalte dieses Buches aber übertragbar auf andere Versorgungseinrichtungen wie Pflegeheime, Hospize und ähnliches. In allen Fällen werden Patientinnen und Patienten im Rahmen einer Organisation betreut, in der viele Menschen mit unterschiedlichen Fachhintergründen und Aufgaben bei einer gemeinsamen Aufgabe zusammenwirken: der Patientenversorgung.

Klinische Ethik ist zugleich aber auch eine praktische Disziplin. Das bedeutet, dass es ihr nicht nur um die Auseinandersetzung mit ethischen Fragestellungen geht. Sie will darüber hinaus darauf hinwirken, dass solche Fragestellungen in den Regelprozessen der Patientenversorgung kompetent bearbeitet werden. Die Klinische Ethik nimmt also auch die Strukturen in den Blick, in denen ethische Fragestellungen entstehen. Sie sucht nach Möglichkeiten, um Verständigungsprozesse bestmöglich zu unterstützen, die zur Lösung solcher Fragestellungen notwendig sind. Deshalb ist das Wissen über die strukturelle Beschaffenheit eines Krankenhauses eine Basiskompetenz (s. Kap. 2.3 *Klinische Ethik wirksam gestalten*).

Der zweite Teil widmet sich einer allgemeinen Darstellung der Aufgaben und Ziele Klinischer Ethik sowie ihres strukturellen Aufbaus und ihrer wesentlichen Arbeitsfelder (s. Kap. 3 *Klinische Ethik entwickeln*). Es geht hierbei also um eine Theorie Klinischer Ethik. Das Ziel dabei ist es, ein grundlegendes Verständnis in Form eines Gesamtüberblicks zu vermitteln. Dies bedeutet aber nicht, dass alle dargestellten Aspekte bei der Übertragung auf das eigene Krankenhaus realisiert werden müssen. Ganz im Gegenteil: Viel wichtiger ist es, ausgehend von einer sehr konkreten Zielvorstellung zu bestimmen, welche der vielen Umsetzungsmöglichkeiten für das eigene Haus sinnvoll sind. Aus diesem Grund wird dem Aspekt der Auftragsklärung in diesem Teil des Buches besondere Aufmerksamkeit geschenkt (s. Kap. 3.4 *Auftragsklärung*).

Der dritte inhaltliche Teil zeigt die praktische Umsetzung der theoretischen Grundlagen am Beispiel der Strukturen und Arbeitsfelder der Klinischen Ethik am Universitätsklinikum Hamburg-Eppendorf (UKE) (s. Kap. 4 *Klinische Ethik am UKE*). Die Autorin dieses Buches bekleidet am UKE die Funktion der Vorstandsbeauftragten für Klinische Ethik. Sie hat den Aufbau der beschriebenen Strukturen in wesentlichen Teilen begleitet. Die Ausarbeitung war von einer grundsätzlichen Schwierigkeit behaftet: Klinische Ethik ist immer Work in Progress. Sie muss auf eine sich stetig wandelnde Umgebung reagieren. Zugleich entsteht ein vertieftes Verständnis erst beim Beschreiben, was wiederum Veränderungen bedingt. Die Darstellung des Beispiels UKE im vierten Kapitel stellt mithin den Status quo bei Abschluss dieses Manuskriptes dar, könnte aber bereits bei Drucklegung in einzelnen Aspekten überholt sein.

Abschließend stellt sich die Klinische Ethik am UKE dem konstruktiv kritischen Blick von außen (s. Kap. 5 *Klinische Ethik am UKE – Ein Blick von außen*). Diese Aufgabe übernahm dankenswerter Weise Professor Gerd Richter, der die Klinische Ethik am Universitätsklinikum Marburg über lange Jahre maßgeblich gestaltete. Seine Beobachtungen gehen zurück auf eine zweitägige Hospitation im Jahr 2018, in deren Verlauf Richter tiefe Einblicke in die Strukturen Klinischer Ethik am UKE erhielt.

Dieses Buch richtet sich ausdrücklich an Praktiker. Es soll eine unmittelbar anwendbare Hilfestellung sein. Aus diesem Grund lockern zahlreiche Schaubilder, extra hervorgehobene Definitionen, fiktive Fallbeispiele und praktische Umsetzungsbeispiele aus dem UKE die Darstellung auf. Der Text verweist verschiedentlich auf Verfahrensanweisungen und damit auf UKE-interne Dokumente. Diese sind im Text mit [eckigen Klammern] gekennzeichnet – ein Hinweis, der sich an die Mitarbeitenden des UKE richtet. Unter dem dort aufgeführten Kürzel sind die Dokumente im QM-Handbuch des UKE verzeichnet. Zudem sind manche auch auf den Internetseiten der Klinischen Ethik des UKE allgemein einsehbar (www.uke.de/klinische-ethik). Der Text enthält zudem Literaturtipps, die zum Stöbern und Vertiefen einladen. Klinische Ethik lässt sich nicht ohne intensive Vernetzung entwickeln. Dieser Grundsatz äußert sich hier durch die Aufnahme einzelner Gastbeiträge. Dabei handelt es sich um Darstellungen von Ethikprojekten aus der Perspektive derjenigen, die am UKE maßgeblich für die damit verbundenen Inhalte verantwortlich sind.

Zuletzt sei noch eine persönliche Anmerkung gestattet, die eine zentrale Erfahrung für das Gelingen Klinischer Ethikarbeit beschreibt. Sie lässt sich mit dem in der Hamburger Mundart gebräuchlichen Begriff „*sutsche*“ umschreiben. Dieser bedeutet frei übersetzt so viel wie „Gemach, gemach – alles zu seiner Zeit!“ Erfolgreiche Ethikarbeit braucht vor allem eines: Ruhe und Ausdauer. Im hektischen Alltagsgeschäft eines Krankenhauses fällt es mitunter schwer, etwas zu verändern. Das gilt insbesondere für Veränderungen, die auf das Betriebsklima und die Haltung der Mitarbeitenden abzielen. Und nichts Anderes will Klinische Ethik in letzter Konsequenz. Angesichts der mitunter erheblichen Belastungen, die sich aus moralischen Dilemmata ergeben können, ist der Wunsch nach schneller Verbesserung verständlich. Klinische Ethik kann das aber nur teilweise leisten. Häufiger ist der lange Atem gefragt. Aus diesem Grund hat es sich meiner Erfahrung nach als außerordentlich hilfreich erwiesen, den Blick wach zu halten für ein realistisches Entwicklungstempo. Oder mit anderen Worten: „Immer *sutsche* in der Klinischen Ethik."

2 Basiswissen Klinische Ethik

2.1 Moral: Was ist das?

Die Begriffe Moral und Ethik haben in der Gesundheitsversorgung unumstritten eine hohe Bedeutung. Das bedeutet aber nicht, dass alle, die die Patientenversorgung gestalten, dasselbe darunter verstehen. Im Gegenteil: Zwar verbinden die allermeisten mit beiden Begriffen intuitiv bestimmte Vorstellungen, nur sind diese nicht zwangsläufig identisch. Denn beide Termini umfassen komplexe Bedeutungsinhalte und werden alltagssprachlich häufig unterschiedlich verwendet. Das erschwert eine klare und prägnante Definition. Da Moral und Ethik für den Bereich der Klinischen Ethik aber die zentralen Arbeitsbegriffe darstellen und eine präzise Verwendung somit von hoher Bedeutung ist, beginnt dieser Text mit einer sorgfältigen definitorischen Einordnung. Das schließt eine Reihe von Aspekten ein, die für die praktische Klinische Ethikarbeit von besonderer Bedeutung sind.

Der Terminus Moral bezeichnet die Vorstellungen von dem sittlich richtigen und guten Handeln und stellt konkrete Regeln für Haltungen und Verhalten auf (Hübner 2018). Moral gibt eine Antwort auf die klassische philosophische Fragestellung „Was soll ich tun?“. Diese Perspektive unterscheidet sich grundlegend von der Beurteilung einer Situation nach fachlichen Gesichtspunkten („Was kann ich tun?“) und nach rechtlichen Kriterien („Was darf/was muss ich tun?“) – auch wenn alle drei Perspektiven in der Patientenversorgung häufig eng miteinander verbunden sind.

Dabei hat Moral einen gemeinschaftlichen und einen individuellen Anteil: Menschen sind dazu in der Lage, in einer sozialen Gemeinschaft gemeinsame Werte als verbindlich auszuhandeln. Gebote wie „Du sollst nicht töten!“ oder „Die Würde des Menschen ist unantastbar“, sind Beispiele für gemeinschaftlich geteilte Werte. Gelingt einer Gruppe der Verständigungsprozess über moralische Sachverhalte, dann bildet sie eine „Moral Community“ oder Wertegemeinschaft (Zimmermann 2016). Die Zugehörigkeit schafft sozialen Zusammenhalt und bildet die Grundlage für moralische Pflichten. Ein enormer Vorteil liegt darin, dass die Gemeinschaftsmitglieder nicht jede Fragestellung des Alltags aushandeln müssen. Stattdessen können sie auf die vorverhandelten und gemeinschaftlich geteilten Werte zurückgreifen und sich bei alltäglichen Handlungen und Entscheidungen daran orientieren (Düwell 2008, S. 29–30). Das gilt auch für das Gesundheitswesen: Werte wie Würde, Autonomie, Fürsorge oder Gerechtigkeit gehören hier zum festen Repertoire ethischer Bewertungskategorien. Aber – und das ist wichtig – es gibt unterschiedliche Bezugsrahmen. So wie Personen gleichzeitig verschiedenen Gruppen angehören können (Berufsgruppe, Sportverein, Freundeskreis, Nachbarschaft), können sie auch Mitglieder verschiedener Moralgemeinschaften sein. Das führt zum nächsten Gedanken.

Moral hat neben einem gemeinschaftlichen auch einen individuellen Anteil. Jeder Mensch verfügt gewissermaßen über eine „moralische Landkarte“. Durch Erziehung und Prägung entstehen Vorstellungen davon, was eine Person in einer bestimmten Situation als sittlich empfindet, also als richtig und falsch (Hübner 2018, S. 13–17). Das führt zu einer spezifischen Reihe von Moralgemeinschaften, denen Menschen sich verbunden fühlen. Das bedeutet: In manchen Fragen sind sie derselben Auffassung wie ihr Gegenüber, in anderen nicht. Dieses individuelle Moralverständnis ist gefasst im Begriff „Wertepluralismus“. Führt man diesen Gedanken konsequent fort, so bedeutet er im Umkehrschluss, dass sich Menschen auf dem Feld der Moral potenziell alle fremd sind. Mit anderen Worten sind sie einander „Moral Strangers“ (Engelhardt 1996). Wertfrei betrachtet lässt sich dieser Umstand im Rahmen der Klinischen Ethik beispielsweise für die Ethik-Fallberatung methodisch nutzbar machen (s. Kap. 3.5 *Ethik-Fallberatung* und 4.3 *Ethik-Fallberatung am UKE*).

Der Begriff **Moral** bezeichnet die Summe der sittlichen Vorstellungen. Diese können individuell und auch innerhalb einer Gruppe bestehen. Dabei ist Moral abhängig von ihrem kulturellen und zeitlichen Kontext. Das bedeutet, dass moralische Überzeugungen als Ergebnis sozialer Interaktionen im Rahmen von Erziehung und Prägung ausgebildet werden und dabei einem ständigen Wandel unterliegen.

Dazu ein einfaches und themenfremdes Beispiel: Die Mitglieder einer aus einem bestimmten Anlass entstandenen Gruppe (Arbeitskolleginnen, Sportkameraden, ...) werden spontan dazu befragt, wie sie Tierquälerei moralisch bewerten würden. Höchstwahrscheinlich werden alle darin übereinstimmen, dass es sich dabei um eine verwerfliche Tat handelt. Wird nun aber in derselben Gruppe die individuelle Haltung zum Fleischkonsum erfragt, werden die Antworten vermutlich sehr unterschiedlich ausfallen und je nach Gruppenkonstellation vom strengen Vegetarismus bis zu „ich esse jedes Fleisch, Hauptsache viel und preiswert" eine Vielzahl von Positionierungen umfassen. Die Antworten werden Tierschutzaspekte unterschiedlich berücksichtigen. Das Beispiel soll verdeutlichen, dass in einer übergeordneten Fragestellung (Tierquälerei) eine Einigung zwar vergleichsweise leicht möglich ist, bei untergeordneten und oft komplexeren Aspekten (Fleischkonsum) aber divergierende individuelle Wertehaltungen möglich sind.

Ein stärker auf das Thema dieses Buches bezogenes Beispiel berührt die Frage, welcher Stellenwert der Würde zukommt. Grundsätzlich ist Würde eine Moralkategorie, die als sehr bedeutsam empfunden wird. Wie aber umgehen mit einer Person, die sich aufgrund einer Demenzerkrankung selbstschädigend verhält? In konkreten Situationen weicht der prinzipiell starke Moralkonsens sehr vielfältigen Einschätzungen, wie der Wert Würde in der Praxis ausgedeutet wird. Dem einen mag die Unterbringung in einer geschlossenen Wohneinheit im Sinne der Fürsorge und der Achtung der Würde geboten erscheinen. Der andere sieht darin eine unzulässige Einschränkung individueller Freiheitsrechte, welche gleichzeitig die Würde des Betroffenen verletzt (Stoecker 2019).

Warum nun ist dieses Zusammenspiel von Wertegemeinschaft auf der einen und Wertepluralismus auf der anderen Seite wichtig? Die Gleichzeitigkeit beider Konstellationen kann zu Konflikten führen. Zurück zum Beispiel der Tierquälerei: Entdecken zwei Menschen, die sich sympathisch sind und in grundlegenden Fragestellungen übereinstimmen (beispielsweise in Bezug auf die grundsätzliche Verwerflichkeit von Tierquälerei), dass einer von beiden beim Grillen gern zum blutigen und preiswerten Steak greift, während der andere sich unter Berufung auf die Tierethik konsequent vegetarisch ernährt, führt das mit hoher Wahrscheinlichkeit zu einer Irritation.

Ähnliche Bruchstellen lassen sich in Bezug auf viele Themen beobachten, auch im Gesundheitskontext. Ein Beispiel dafür liefert wiederum die grundsätzlich hohe Wertigkeit der moralischen Kategorie Würde. Beobachtet A eine Handlung an B, die ihrer Auffassung nach geeignet ist, die Würde von B zu verletzen, verspürt A vermutlich eine starke moralische Irritation. Das bedeutet nicht zwangsläufig, dass B oder weitere Beteiligte das Gleiche empfinden. Gelingt es A und B nicht, sich sachlich über diese unterschiedlichen Wahrnehmungen und Wertungen auszutauschen, besteht die Gefahr, dass daraus ein Konflikt entsteht – ein Konflikt, dem eine Bruchstelle zwischen grundsätzlich geteilten Werten (Wertegemeinschaft) und Differenzen in der konkreten Umsetzung (Wertepluralismus) zugrunde liegt (Sellmaier 2011).

Zwischenmenschliche Spannungen entstehen oft dann, wenn unterschiedliche Moralvorstellungen unreflektiert aufeinandertreffen. Es handelt sich dann um einen ethischen Konflikt. Auch Teamkonflikte im Rahmen der Patientenversorgung haben häufig diesen Hintergrund. Geht ein Teamkonflikt auf einen moralischen Sachverhalt zurück, dann kann er mit den Mitteln der Klinischen Ethik bearbeitet werden.

Menschen werden sich ihrer Werte(-haltung) immer zuerst auf emotionaler Ebene bewusst. Dafür steht der Terminus moralische Intuition – das umgangssprachliche „moralische Bauchgefühl". Es stellt eine wichtige Fähigkeit dar: Ohne zuvor umfangreiche Überlegungen und Analysen anzustellen, können Personen ausgehend von ihrer Intuition Entscheidungen treffen, die mit ihren moralischen Überzeugungen in Einklang stehen. Das hilft bei Entscheidungssituationen, die entweder einen bestimmten Komplexitätsgrad nicht überschreiten oder aber häufig in vergleichbarer Form auftreten. Das ermöglicht Analogieschlüsse, also einen Abgleich mit den Erfahrungswerten bereits erlebter Situationen. In komplizierteren Fällen unterstützt die moralische Intuition darin, rechtzeitig innezuhalten, um eine Entscheidung zu suchen, die dem eigenen Moralempfinden am meisten entspricht (Birnbacher 2011).

Der Begriff **moralische Intuition** (umgangssprachlich „moralisches Bauchgefühl") bezeichnet die instinktive Wahrnehmung von moralisch relevanten Sachverhalten. Eine moralische Intuition findet im Bereich des Halbbewussten statt. Der Wahrnehmende kann dabei im ersten Moment seine Einschätzung nicht begründen. Häufig ist die moralische Intuition Ausgangspunkt für eine vertiefte Reflexion.

Das macht die moralische Intuition zur wertvollen Ressource. Zugleich ist sie aber ungemein störanfällig. Bei gleichzeitiger Beschäftigung mit verschiedenen Dingen geschieht es leicht, dass die intuitive Wahrnehmung von moralisch relevanten Sachverhalten verdrängt wird. Für die Klinische Ethik spielt der Berufsalltag von Ärzten, Pflegenden und Therapeuten eine bedeutende Rolle. Seine oftmals enge Taktung erschwert es ihnen mitunter, ethisch komplexe Situationen zeitnah wahrzunehmen und adäquat auf sie zu reagieren. Das Fallbeispiel 1 veranschaulicht das: Auch, wenn die Mitglieder des Behandlungsteams ethische Fragestellungen mittels ihrer moralischen Intuition prinzipiell bearbeiten könnten, misslingt es ihnen in der hier beschriebenen Situation in der Hektik des Alltages (Traudt et al. 2016).

Fallbeispiel 1

Frau Hansen[1] (57) leidet an einem Tumor. Die Erkrankung ist weit fortgeschritten. Aufgrund einer erneuten deutlichen Verschlechterung wird sie aktuell stationär behandelt. Die Station hat zurzeit mit einer ungewöhnlich hohen Personalfluktuation zu kämpfen. In dieser Woche befindet sich die hauptverantwortliche Oberärztin im Urlaub. Ungünstigerweise wurden in diesen Tagen gleich mehrere Patienten neu aufgenommen, deren Behandlung sich schwierig gestaltet und deren Planung viel Zeit in Anspruch nimmt.

Für Frau Hansen bestehen angesichts der erneuten Verschlechterung kaum noch Therapieoptionen. Sie ist orientiert, ansprechbar und in vollem Umfang einwilligungsfähig. Entscheidungen trifft Frau Hansen in intensiver Rücksprache mit ihrer Familie. Trotz der sehr schlechten Prognose möchte die Patientin weiter unter Ausschöpfung aller Möglichkeiten behandelt werden. Der Ehemann unterstützt sie darin ausdrücklich. Im Behandlungsteam entsteht der Eindruck, dass zwischen den Eheleuten das nahende Lebensende der Patientin nicht thematisiert wird. Auch wenn die Patientin formal einwilligungsfähig ist und zudem mehrfach umfangreich über ihren Zustand aufgeklärt wurde, beschleicht alle Mitglieder des Behandlungsteams ein mulmiges Gefühl. Aufgrund der aktuellen Überlastung gelingt es aber nicht, diese Wahrnehmung zu besprechen. Die Stimmung wird zunehmend gereizter.

Die moralische Intuition ist eine wichtige Ressource, die in der Klinischen Ethikarbeit oft zu wenig berücksichtigt wird. Sie ermöglicht es, im betriebsamen Alltag eines Krankenhauses zur rechten Zeit auf ethisch komplexe Situationen aufmerksam zu werden und mit entsprechender Sorgfalt darauf zu reagieren. Die Klinische Ethik kann das gezielt unterstützen: Durch Schulung und das Hinwirken auf organisationale Rahmenbedingungen, die Ethikdialoge fördern. Sowohl die Bewusstmachung moralischer Intuitionen als auch eine angemessene Reaktion zum Beispiel durch eine geschickte Ansprache von ethischen Problematiken können geschult werden (Riedel 2019). Einen Eindruck davon gibt die untenstehende Wahrnehmungsübung

1 Alle in diesem Buch angeführten Fallbeispiele sind fiktiv. Gleiches gilt für die die verwendeten Namen. Ähnlichkeiten mit realen Situationen und Personen sind zufällig und nicht beabsichtigt.

(Bohmann u. Bohmann 2014). Die Strukturen in einem Arbeitsfeld, die Prozesse, Abläufe und expliziten wie impliziten Regeln müssen es aber auch zulassen, dass individuelle moralische Intuition angesprochen wird (Albisser Schleger et al. 2019).

Übung: Moralische Intuition

Stellen Sie sich eine Situation vor, die für Sie moralisch fragwürdig ist und die Sie privat oder aus ihrem Berufsalltag gut kennen (s. Fallbeispiel 2). Schließen Sie die Augen und versetzen Sie sich in Gedanken in diese Situation. Achten Sie nun auf Ihr Körpergefühl: Was genau nehmen Sie wahr, wenn Sie sich die moralische Problematik dieser Situation vergegenwärtigen? Verlassen Sie gedanklich nun die Situation, bleiben Sie aber bei dem Gefühl. Denken Sie an andere Situationen, in denen Sie die gleiche Wahrnehmung verspürt haben. Es handelt sich hierbei um Ihre moralische Intuition.

Fallbeispiel 1 zeigt auf, welche Einflussfaktoren die Wahrnehmung von moralischen Intuitionen beziehungsweise das adäquate Reagieren darauf erschweren können. Durch die außergewöhnlich hohe Dichte an schwierigen Behandlungsfragen blieb den Beteiligten zu wenig Aufmerksamkeit, um das ungute Gefühl in Bezug auf die Behandlungswünsche von Frau Hansen bewusst wahrzunehmen, zu deuten und entsprechend zu reagieren. Das wurde möglicherweise dadurch erschwert, dass durch die Personalfluktuation viele neue Kollegen im Team mit den kommunikativen Gepflogenheiten noch unvertraut waren. Auch die urlaubsbedingte Abwesenheit der leitenden Oberärztin könnte zur Folge gehabt haben, dass im Rahmen der täglichen Visiten das Therapieziel für die Behandlung von Frau Hansen nicht kritisch angesprochen wurde. Die Ressource der moralischen Intuition blieb dadurch ungenutzt.

Der Ausdruck Moral Distress bezeichnet ein Belastungsphänomen, das immer dann entsteht, wenn Personen sich nicht in der Lage sehen, eine Handlung zu vollziehen, die ihrer Auffassung nach moralisch richtig und geboten wäre. Wenn eine Person wiederholt Handlungen durchführen oder mitverantworten muss, die sie moralisch nicht verantworten kann, also ihrer moralischen Intuition widersprechen, kann sie das seelisch belasten und zu sogenanntem Moral Distress führen (Ulrich u. Grady 2018).

Der Begriff **Moral Distress** bezeichnet seelische Belastungen, die dann entstehen können, wenn sich eine Person an Handlungen beteiligen muss, die in einem erheblichen Maße gegen ihr Moralempfinden verstoßen.

Dieses Phänomen ist gut erforscht. Ursprünglich konzentrierte sich die Forschung auf die Berufsgruppe der Pflegenden. Mittlerweile sind auch andere Berufsgruppen im Gesundheitswesen untersucht worden. Dabei wurde deutlich, dass Moral Distress eine wichtige Ursache für einen erhöhten Krankenstand in der Belegschaft darstellt. Andere Betroffene bemühen sich um einen anderen Arbeitsplatz (Whitehead et al. 2015). Das Phänomen hat damit nicht nur für die Betroffenen erhebliche Konsequenzen, sondern darüber hinaus für die Qualität der Patientenversorgung insgesamt. Dass Mitarbeitende sich außerstande sehen, moralisch richtig zu handeln, kann sehr unterschiedliche Gründe haben (Ulrich u. Grady 2018). Einen wichtigen Faktor stellt dabei der notwendigerweise hierarchische Charakter der Organisation Krankenhaus dar. Dessen Funktionalität hängt ganz wesentlich davon ab, dass Therapieentscheidungen von einer begrenzten Anzahl an Personen getroffen werden. Für deren Umsetzung wird dann aber ein ungleich größerer Personenkreis benötigt. Das führt zu einer Aufteilung von Zuständigkeiten und Verantwortlichkeiten, die sich unter anderem in der Unterscheidung von Letzt- und Ausführungsverantwortung ausdrückt (Steinkamp u. Gordijn 2010, S. 116). So sinnvoll diese Aufgabenteilung ist, so birgt sie doch ein Risiko: Bei ethisch komplexen Therapieentscheidungen können einzelne Personen zu einer anderen Einschätzung kommen und müssen sich nun an einer Handlung beteiligten, die sie aus moralischen Gründen ablehnen. Auch wenn das grundsätzlich unausweichlich ist, trägt der sorgfältige Einbezug moralischer Überlegungen in Therapieentscheidungen und vor allem deren anschließende Kommunikation an alle Beteiligten dazu bei, der Entstehung von Moral Distress vorzubeugen.

Literaturtipp

Sellmaier S (2011) Ethik der Konflikte. Über den angemessenen Umgang mit ethischem Dissens und moralischen Dilemmata. W. Kohlhammer Verlag Stuttgart

2.2 Ethik: Was ist das?

Ethik ist die Theorie von und die Reflexion über Moral. Mit anderem Worten: Es handelt sich dabei um das systematische Nachdenken über Moral und damit über die Werte, die in einer bestimmten Situation gelten (Hübner 2018). Die Fähigkeit, sich der eigenen sowie der geteilten Werte bewusst zu werden und sich daran zu orientieren, ist ein Kennzeichen des Menschseins. Genau das geschieht tagtäglich viele Male. Meist erfolgt dieser Rückbezug auf den inneren moralischen Kompass unbewusst. Dieser Vorgang lässt sich mit der Bezeichnung intuitive Ethik umschreiben. Die Intuition macht auf einen moralisch relevanten Sachverhalt aufmerksam. Mittels einer automatisierten Reflexion erfolgt eine Beurteilung. Es handelt sich also um eine nichtanalytische Entscheidungsstrategie (Albisser Schleger 2019, S. 144–147). Sie ist vor allem für die vielen Fragen des Alltags geeignet, wie etwa die Situation im Fallbeispiel 2.

Fallbeispiel 2

Stellen Sie sich vor, Sie sind in der Stadt als Fußgänger unterwegs. Sie müssen an einer kaum befahrenen Stelle die Fahrbahn kreuzen, aber die Ampel steht für Sie auf Rot und – das ist hier besonders wichtig – an der Ampel wartet bereits ein Kind. Gehen Sie hinüber oder nicht?

Es handelt sich hierbei um eine Situation, in der sich vermutlich jeder schon einmal befunden hat. Das Fallbeispiel 2 ist bewusst so konzipiert: Es soll an Wohlbekanntes anschließen und dabei die Aufmerksamkeit auf die damit verbundenen Emotionen lenken. Ganz gleich, zu welcher Antwort die handelnde Person in der hier beschriebenen Situation findet, sie wird bei den damit verbundenen Überlegungen auch moralische Werte berücksichtigt haben – vermutlich ohne sich dessen bewusstgeworden zu sein. Intuitiv wird sie verschiedene moralische Orientierungspunkte bei ihrer Entscheidungsfindung berücksichtigt haben: Zum Beispiel Fürsorgeaspekte gegenüber dem Kind, vielleicht auch dessen Alter (Stichwort: Autonomiefähigkeit) oder aber die Bedingung, ob es in Begleitung Erwachsener oder aber allein unterwegs ist. Vielleicht war die Person in Eile und wog ihre Pflichten gegenüber dem Kind gegen das pünktliche Einhalten einer dringlichen Verabredung ab. Das Spannende hier ist, dass die Person diese Vielzahl an Überlegungen in Bruchteilen von Sekunden anstellte. Noch im Gehen wird sie die Situation nicht nur wahrgenommen, sondern auch analysiert und eine Entscheidung gefällt haben. Die Komplexität ihrer Überlegungen wird sie sich dabei kaum bewusstgemacht haben (s. Abb. 1).

Dieses Vorgehen ist ressourcenschonend und damit sinnvoll bei minder komplexen Fragestellungen und in Situationen, die wenig Zeit für eine gründliche Reflexion bieten. Diese Form der Reflexion über Moral – intuitive Ethik – begleitet und erleichtert unser alltägliches Handeln. Aber zugleich ist sie störanfällig: Sie birgt das Risiko systematischer Denkfehler. Außerdem erschwert sie die Berücksichtigung aller relevanten Sachverhalte (Albisser Schleger 2019, S. 144–147).

Es gibt noch eine weitere, deutlich umfassendere Art, sich mit einem ethischen Problem zu befassen. Sie greift auf analytische Entscheidungsstrategien zurück (Albisser Schleger 2019, S. 143–144). Dazu ist ein spezielles Knowhow erforderlich. In Abgrenzung zur intuitiven Ethik erscheint es sinnvoll,

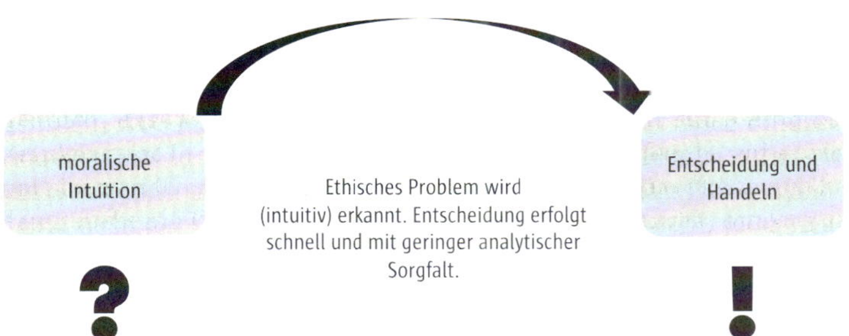

Abb. 1 Nichtanalytische ethische Urteilsbildung im Sinne einer intuitiven Ethik

hierbei von einer planvollen und bewussten Ethik zu sprechen, die ein gewisses Maß an Professionalität erfordert. Das soll nachfolgend anhand des Ampelbeispiels verdeutlicht werden, wobei – das sei vorweg bemerkt – ein solches Vorgehen im Falle der roten Fußgängerampel zu lange dauern würde und damit nicht angemessen erscheint.

Zum Einstieg wäre es gut, sich eine Übersicht über die Personen zu verschaffen, die maßgeblich von der Entscheidung betroffen sind, die Straße bei Rot zu überqueren. Neben der handelnden Person gehört vor allem das Kind dazu. Möglicherweise gibt es auch weitere Wartende oder aber diejenigen, mit denen die handelnde Person dringend verabredet ist. Ferner ließe sich hier fragen, ob das Kind in die Entscheidungsfindung einbezogen werden sollte und, falls nicht, wer die Interessen des Kindes bestenfalls vertreten könnte. Denkbar ist auch, dass die Person die Perspektive der einzelnen Betroffenen einnimmt und beobachtet, inwiefern das ihre Wahrnehmung der Situation verändert. Vermutlich versucht die Person ab einem bestimmten Punkt ihrer Überlegungen, Gründe für ihr Urteil zu finden. Dabei bezöge sie sich auf Werte und Normen: Möglicherweise würde sie ihre Verantwortung oder ihre Fürsorgepflichten gegenüber Kindern berücksichtigen und diese in Beziehung zu ihrem Bedürfnis nach selbstbestimmtem Handeln setzen. Vielleicht wären für sie hier Gerechtigkeitsaspekte von Bedeutung, weil sie durch das Nichtüberschreiten der Ampel ihren Bus verpassen wird und ihr das Nachteile verschafft. Möglicherweise sucht die Person auch Rat in maßgeblichen philosophischen Schriften und dort formulierten moralischen Normen und Werten. Denkbar ist auch, dass sie sich mit den umstehenden Personen berät und versucht, eine einvernehmliche Entscheidung zu erreichen.

Natürlich wäre es im Rahmen der Ampel-Situation nicht angemessen, so vorzugehen. Das Gedankenspiel soll aber verdeutlichen, dass bei einer bewussten ethischen Analyse eine Vielzahl von Aspekten beachtet wird. Der berufliche Alltag im Gesundheitswesen kennt viele ethisch komplexe Situationen und Fragestellungen, für deren Bearbeitung ein derart bewusster Umgang mit Moral notwendig ist. Die Bezeichnung professionelle Ethik verdeutlicht, dass dieses ein spezifisches Know-how verlangt, dessen Anwendung in der konkreten Situation bewusst trainiert werden kann. Menschen verfügen in der Regel qua Sozialisation über die grundsätzliche Fähigkeit, analytisch mit ethischen Fragestellungen umzugehen. Das dafür notwendige Wissen und ethische Reflexionstechniken können darüber hinaus fortlaufend weiterentwickelt werden. Für manche Fragestellungen im Rahmen der Gesundheitsversorgung ist das unerlässlich, wenn sie nach ethischen Maßstäben auf hohem Niveau erörtert werden sollen (Salloch et al. 2016). Die Klinische Ethik ist die Disziplin, die sich auf einen qualifizierten Umgang mit ethisch komplexen Fragestellungen spezialisiert hat (Rasmussen 2016).

Der Ausdruck **Ethik** bezeichnet die Theorie von und die Reflexion auf moralische Sachverhalte. Dies kann intuitiv erfolgen oder auch sehr bewusst und unter Hinzuziehung komplexer Wissensinhalte und spezifischer Reflexionstechniken.

Eine professionelle oder analytische Ethik muss eine Vielzahl von Aspekten berücksichtigen (s. Abb. 2). Die Wahrnehmung einer moralischen Intuition ist der Ausgangspunkt für eine sehr bewusste und strukturierte ethische Güterabwägung (Steinkamp u. Gordijn 2010, S. 47). Die nachfolgenden Analyseschritte erfolgen in der Realität nicht zwangsläufig in der Reihenfolge, in der sie hier aufgeführt werden. Allerdings sollten alle vollzogen werden, soll eine Situation umfänglich erörtert werden. Die intuitive Ethik vollzieht diese umfassende Auseinandersetzung nicht. Hier folgt das ethische Urteil rasch auf eine moralische Wahrnehmung, ohne dass wir uns dabei alle Facetten eines Falles eingehend bewusstmachen und zueinander in Beziehung setzen. Das kann zu einem guten, das heißt abgewogenen Ergebnis führen. Dieses Vorgehen birgt aber das Risiko, wesentliche Zusammenhänge zu übersehen. Dagegen ist die bewusste Auseinandersetzung mit einer ethisch komplexen Situation ausdrücklich bemüht um Vollständigkeit im Sinne von Multiperspektivität und Abgewogenheit.

Für eine sorgfältige Analyse ethischer Probleme stellen sich die Fragen: Worum geht es? Wer ist von dem Problem betroffen? Und was macht die jeweilige Betroffenheit aus? Das heißt, die ethische Analyse startet mit einer genauen Betrachtung der Sachlage. Das Vorgehen ist im ersten Schritt induktiv (Steinkamp u. Gordijn 2010, S. 64–69). Bei ethisch komplexen Situationen im Rahmen der Gesundheitsversorgung richtet sich in der Regel alle Aufmerksamkeit auf den Patienten. Und das aus gutem Grund. Auf die ethischen Dimensionen einer Versorgungssituation haben aber auch das soziale Umfeld eines Patienten und das Behandlungsteam einen wichtigen

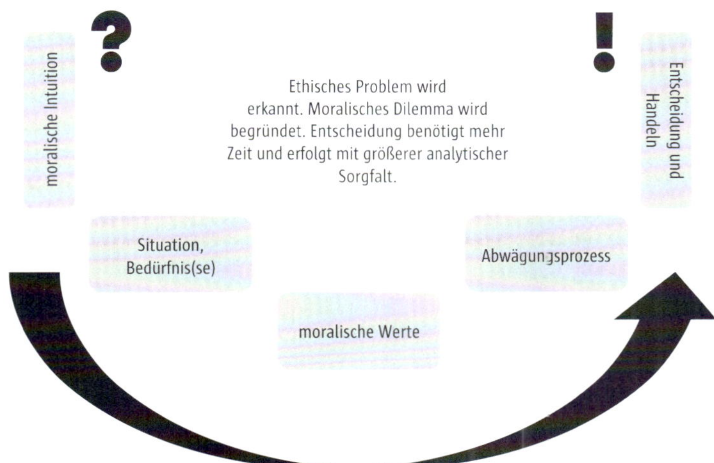

Abb. 2 Analytische ethische Urteilsbildung im Sinne einer professionellen Ethik

Einfluss. Oft gerät die Komplexität einer solchen Situation erst im Rahmen einer gründlichen Analyse in den Blick. Der Patient ist in ein Geflecht sozialer Beziehungen eingebunden. Auch das ihn versorgende therapeutische Team ist betroffen von einer Situation, die ein moralisches Dilemma beinhaltet. Nicht immer geraten alle von einer Situation betroffenen Personen bei der ersten Betrachtung in den Blick. Beim Erfassen der jeweiligen Wahrnehmungen und der ethisch relevanten Bedürfnisse hilft ein bewusster Perspektivwechsel (Rabe 2017) und die strukturierte Beantwortung folgender Fragen: Wer ist in welcher Form wie stark betroffen? Welche essenziellen Bedürfnisse sind berührt? Wer hat in der betrachteten Situation welchen Einfluss auf wen?

Des Weiteren werden moralische Werte und Normen, denen unabhängig von einer konkreten Situation eine hohe Bedeutung zukommt, auf den betrachteten Sachverhalt angewendet. Hierbei handelt es sich um ein deduktives Vorgehen (Steinkamp u. Gordijn 2010, S. 64–69). Ein einfaches Beispiel ist die Autonomie, die im Rahmen der Gesundheitsversorgung ganz allgemein eine sehr hohe Bedeutung genießt. Bei der Analyse eines konkreten moralischen Dilemmas ist zu prüfen, ob die moralische Norm Autonomie in der anstehenden Entscheidungsfrage eine Rolle spielt und wenn ja, in welcher Weise.

Moralische Normen und Werte besitzen eine Orientierungsfunktion. Sie haben einen richtungsweisenden Charakter. Bildhaft gesprochen wirken sie ähnlich einem Leuchtturm, der Schiffen im Nebel den Weg weist. Um im Bild zu bleiben: Die Suche nach der ethisch richtigen Entscheidung gerät in schwierigen Momenten leicht zu einer Irrfahrt. Ähnlich wie ein Schiff bei schlechter Sicht erfolgt die Annäherung an das richtige Handeln suchend. Sie ist angewiesen auf Orientierungspunkte, woran der moralische Kompass gleichsam ausgerichtet werden kann. Moralische Normen und Werte übernehmen diese Orientierungsfunktion. Auch wenn ihnen grundsätzlich eine hohe Bedeutung zukommt, so muss ihre jeweilige Bedeutung in einer konkreten Situation immer eigens ermittelt werden. Ein grundsätzlich bedeutsamer Wert spielt in einer speziellen Situation nicht zwangsläufig eine ausschlaggebende Rolle. Immer ist zu klären, welcher Rang einem Wert im Einzelfall zukommt.

Die sogenannte Prinzipienethik greift diese Herangehensweise auf (Rauprich u. Steger 2005). Eine in der Gesundheitsversorgung sehr weit verbreitete Umsetzung geht zurück auf die US-amerikanischen Medizinethiker Tom L. Beauchamp und John F. Childress, die diesen ethischen Analyseansatz erstmals 1977 formulierten (Beauchamp u. Childress 2013). Er umfasst vier moralische Werte: Autonomie, Wohltun, Nicht-Schaden und Gerechtigkeit. Es handelt sich hierbei um sogenannte prima facie Prinzipien mittlerer Reichweite. Prima facie bedeutet, dass die vier Prinzipien grundsätzlich alle wichtig sind. Sie stehen gleichrangig nebeneinander, beeinflussen sich gegenseitig und können sich auch beschränken. Zwar ist es denkbar, dass ein Prinzip ein anderes überwiegt, aber das muss am konkreten Einzelfall immer wieder neu entschieden werden. Der Zusatz „mittlere Reichweite" sagt aus, dass sich diese vier Prinzipen mit verschiedenen ethischen Theorien begründen lassen. In diesem Sinne erheben sie den Anspruch, an verschiedene Weltanschauungen anschlussfähig zu sein.

Die Prinzipienethik bietet einen pragmatischen Zugang zur Analyse moralischer Dilemmata. Ihre in der Medizinethik weit verbreitete Umsetzung geht auf die Bioethiker Tom L. Beauchamp und James F. Childress zurück und umfasst die moralischen Werte Autonomie, Wohltun, Nicht-Schaden und Gerechtigkeit. Andere Autoren ergänzen diese Zusammenstellung beispielsweise um die Werte Würde, Dialog, Ehrlichkeit, Vertrauen.

Auch wenn die Prinzipienethik als methodischer Ansatz weit verbreitet ist, ist sie keineswegs unumstritten. Manche Autoren verweisen darauf, dass ein ethisches Problem manchmal besser mit anderen moralischen Werten zu begründen sei, zum Beispiel Würde, Dialog, Ehrlichkeit oder Vertrauen (Rabe 2017; Albisser Schleger 2019, S. 87). Auch erfassen viele ein moralisches Dilemma intuitiv eben nicht mit den von Beauchamp und Childress formulierten Prinzipien, die damit also keine *common morality* beanspruchen können (Christen et al. 2014). Wichtig ist auch der Hinweis darauf, dass Prinzipien nicht über alle Kulturgrenzen hinweg ohne Weiteres anschlussfähig sind (Westra et al. 2009). Das bedeutet: Die Prinzipienethik bietet zwar nicht die Antwort auf alle moralischen Dilemmata, ist aber ein wichtiger und pragmatischer Zugang zur Diskussion ethischer Fragestellungen (Gillon 2015).

Bei der genauen Beschäftigung mit einer ethischen Frage wird meist deutlich: Es lassen sich entweder nicht alle essenziellen Bedürfnisse der Beteiligten befriedigen oder aber es können nicht alle relevanten moralischen Pflichten gleichermaßen erfüllt werden. Es gibt also keine Entscheidung, die ethisch vollkommen zufriedenstellt. Mindestens eine moralische Pflicht muss verletzt werden. Dabei entsteht leicht der Eindruck: „Gleich wie ich mich entscheide, ich mache mich moralisch schuldig." Hierbei handelt es sich um ein moralisches Dilemma. Es ist der Grund dafür, dass eine Situation als problematisch wahrgenommen wird (Sellmaier 2011; Salloch et al. 2016).

Der Ausdruck **moralisches Dilemma** steht für eine Situation, in der jede denkbare Entscheidung die Verletzung mindestens einer wesentlichen moralischen Pflicht bedeutet. In einer solchen Situation ist es unmöglich, ohne „moralische Schuld" zu bleiben.

Der letzte Analyseschritt lotet unter den zur Verfügung stehenden Handlungsoptionen diejenige aus, die angesichts eines grundsätzlich gegebenen Dilemmas als diejenige erscheint, die sich ethisch am besten rechtfertigen lässt. Dabei gilt es unter anderem festzulegen, wer in der beschriebenen Situation die Entscheidungshoheit hat. Das klingt auf den ersten Blick trivial, gilt doch der Grundsatz, dass diese beim Patienten liegt und er oder sie dabei vom behandelnden Arzt unterstützt wird. Tatsächlich ist die Sache oft komplizierter (Baldt 2020). Zum Beispiel wenn der Patient nicht einwilligungsfähig ist oder aber wenn es sich dabei um ein Kind oder einen Jugendlichen handelt (Hermann et al. 2016; Wiesemann 2016, S. 87–100). Die juristische Verantwortung, die Letztverantwortung, wiederum kommt dem behandelnden Arzt zu. Alle, die eine (Therapie-)Entscheidung bei ihrer Umsetzung begleiten, haben eine Ausführungsverantwortung inne (Steinkamp u. Gordijn 2010, S. 83). Sind verschiedene Personen an der Entscheidungsfindung beteiligt, ist es sinnvoll, dieses Zusammenwirken zu strukturieren. Das gilt insbesondere, wenn ein ethisch gut begründbares Urteil erreicht werden soll. Ein strukturiertes Vorgehen erlaubt es, unterschiedliche Wahrnehmungen und Einschätzungen „auf Augenhöhe" auszutauschen und gegensätzliche Ansichten anzusprechen. Die Diskursethik bietet hierfür einen methodischen Zugang. Das macht sie zur hilfreichen Ergänzung zur Prinzipienethik (Mertz et al. 2014).

Die Ausführungen haben gezeigt: Bei einer analytischen ethischen Urteilsbildung gilt es, eine Vielzahl von Aspekten und ethischen Normen gleichermaßen im Blick zu behalten, um scheinbar unvereinbare moralische Pflichten gegeneinander abzuwägen. Die Klinische Ethik hat die Aufgabe, alle Beteiligten darin umfassend zu unterstützen.

Literaturtipp

Hübner D (2018) Einführung in die philosophische Ethik. Vandenhoeck & Ruprecht Göttingen

2.3 Klinische Ethik wirksam gestalten

Der Erfolg der Klinischen Ethik bemisst sich zwangsläufig an den Spuren, die sie in einer Einrichtung hinterlässt. Es gibt vielfältige Debatten darüber, mit welchen Parametern die Qualität Klinischer Ethikarbeit erfassbar ist (Schildmann u. Vollmann 2011; Schildmann et al. 2019). Ist es die Anzahl durchgeführter Fallberatungen? Die Menge an angebotenen Schulungen beziehungsweise die Teilnehmerzahl? Ist es die Vielfalt an implementierten Ethik-Leitlinien oder das Vorhandensein eines Leitbildes? All diese Informationen geben Hinweise auf eine gelungene Ethikarbeit. Die eigentliche Messlatte liegt woanders: Erst wenn die Mitarbeitenden und bestenfalls auch die Patienten und ihre Angehörigen die Erfahrung machen, dass mit ihren Belangen ethisch verantwortungsvoll umgegangen wird, wenn die Ansprechpartner bei ethischen Problemen bekannt sind und wenn die Angebote zu Ethikthemen als wertvoll für die eigenen Fragestellungen wahrgenommen werden, hat Klinische Ethik das Krankenhaus wirklich erreicht (Steinkamp u. Gordijn 2010, S. 21).

Bis das gelingt, ist es ein weiter und anspruchsvoller Weg. Lässt sich dieses Ziel aber nicht erreichen, droht die Klinische Ethik trotz aller Anstrengungen zu einem bloßen „Umweltrauschen“ zu werden (Wallner 2015; Boos u. Mitterer 2014). Damit ist gemeint, dass sie von Mitarbeitenden, Patienten und Angehörigen bestenfalls wahrgenommen, aber nicht mit den eigenen Fragen in Zusammenhang gebracht und damit uninteressant wird. Schlimmstenfalls wird Klinische Ethik zu einem Feigenblatt und dient als Aushängeschild, das sich zwar bei einer Zertifizierung gut macht, aber das Versorgungsgeschehen nicht wesentlich erreicht (Süssenguth 2008). Das bedeutet im Umkehrschluss nicht, dass Klinische Ethik nur erfolgreich sein kann, wenn sie ein Komplettprogramm anbietet und alle denkbaren Aufgabenfelder bearbeitet. Ziel sollte aber immer sein, den ethischen Diskurs in den Regelprozessen der Patientenversorgung zu stärken. Um Klinische

Ethik konsequent in die Organisation Krankenhaus hineinzutragen, ist ein Grundwissen über deren Beschaffenheit sehr hilfreich.

2.3.1 Organisationsethik und Wertemanagement

Bei Krankenhäusern handelt es sich um hyperkomplexe Organisationen (Grossmann u. Lobnig 2013). Ihnen gelingt es durch das filigrane Zusammenspiel vieler Personen, Berufsgruppen, Hierarchieebenen und Organisationseinheiten, eine Vielzahl teilweise schwer betroffener Patienten bestmöglich zu versorgen. Komplexität ist eine Voraussetzung für moderne Gesundheitsversorgung. Sie ermöglicht effektive Interaktionen von Personen unterschiedlicher Berufsgruppen und Fachdisziplinen. Sie birgt gleichzeitig aber auch Risiken. Das Zusammenspiel zahlreicher Akteure und Organisationseinheiten ist anfällig für Störungen. Wiederkehrend lange Wartezeiten vor einzelnen diagnostischen Maßnahmen, unvollständige Informationsübermittlung im Rahmen einer Übergabe oder wenige multidisziplinäre Gesprächskontakte bei komplexen Behandlungsfragen sind nur einige Beispiele dafür. Solche Phänomene positiv zu beeinflussen fällt üblicherweise in den Aufgabenbereich von Krankenhausmanagern. Sie beinhalten aber auch ethische Fragestellungen und rücken damit gleichermaßen in das Aufgabenfeld Klinischer Ethik. Das Fallbeispiel 3 veranschaulicht diesen Zusammenhang.

Fallbeispiel 3

Die Mitarbeitenden in der Ethik-Fallberatung erreicht folgende Anfrage: Die Versorgung von Frau Peters soll retrospektiv aufgearbeitet werden. Es handelt sich bei der Patientin um eine hochbetagte Dame, die an einer frontotemporalen Demenz leidet. Sie lebt in einem Pflegeheim. Der Krankenhausaufenthalt wurde notwendig, weil sie sich bei einem Sturz das Bein gebrochen hatte. Die mit der Demenz verbundenen Wesensveränderungen haben Frau Peters sehr unruhig und aggressiv werden lassen. Im Krankenhaus galt sie als schwierige Patientin. Mit der Zeit mochte niemand ihr Zimmer übernehmen. Ein Austausch darüber fand nicht statt. Dennoch hatten alle das Gefühl, den speziellen Bedürfnissen von Frau Peters nicht gerecht zu werden. Auch nachdem Frau Peters entlassen ist, bleibt dieses ungute Gefühl. Das soll im Rahmen einer retrospektiven Ethik-Fallberatung aufgearbeitet werden.

Während dieser wird deutlich: Unter den Mitarbeitenden der Station herrscht schon seit einiger Zeit eine starke Unruhe – und zwar berufsgruppenübergreifend. Viele melden sich krank, einige Mitarbeitende wünschen sich weniger Arbeitsstunden, manche denken über einen Jobwechsel nach. Alle befragten Personen geben einen ähnlichen Grund an:

Die Anforderungen hätten sich spürbar verändert. Anders als noch vor ein paar Jahren würden auf dieser Station heute deutlich mehr Patienten versorgt. Die seien zusätzlich zu ihrer akuten Erkrankung noch hochbetagt und litten vielfach an weiteren schwerwiegenden Erkrankungen. Diese Patienten müssten anders versorgt werden. Oft gelänge das nicht gut. Man sei auf dieser Station nicht hinreichend auf deren Bedürfnisse vorbereitet. Besonders deutlich werde das, wenn weitreichende Therapieentscheidungen anstünden und die spezielle Situation dieser Patienten dabei nur vage berücksichtigt werde. Das mache viele Mitarbeitende „unaushaltbar unzufrieden". Die Versorgung von Frau Peters habe das besonders deutlich gezeigt.

Mit der Sprache der Ethik formuliert, hatten die Mitglieder des therapeutischen Teams in diesem Fallbeispiel bestimmte Erwartungen an die eigene Versorgungsleistung, die sie nicht erfüllen konnten. Es gelang ihnen nicht, den speziellen Bedürfnissen der Patientin gerecht zu werden. Ganz im Gegenteil: Sie vermieden den Kontakt mit Frau Peters. Das führte dazu, dass das Wohlergehen der Patientin bei alltäglichen Handlungen und maßgeblichen Entscheidungen nicht adäquat berücksichtigt wurde. Dadurch wurden moralische Kriterien wie Gutes-Tun, Nicht-Schaden, Autonomie und auch die Würde verletzt. Die Mitarbeitenden haben ihre eigenen moralischen Ansprüche enttäuscht. Das nahmen sie intuitiv als ethisches Problem wahr. Und nicht nur das: Sie sahen sich nicht in der Lage, dieses Missempfinden anzusprechen beziehungsweise die Suche nach strukturellen Lösungen anzuregen. Für manche war das derart belastend (Moral Distress), dass sie einen anderen Arbeitsort suchten (Riedel 2017).

Ethische Fragestellungen sind in der Patientenversorgung oft vom organisationalen Kontext beeinflusst. Deswegen muss Klinische Ethik diese Zusammenhänge mit in den Blick nehmen.

In diesem Beispiel wird deutlich, dass ethisch komplexe Situationen bei der Versorgung eines einzelnen Patienten oftmals auch die organisatorischen Zusammenhänge berühren, in denen sie stattfinden (Wallner 2015). Die in Fallbeispiel 3 beschriebene Situation ist in ein komplexes Versorgungsgeschehen eingebettet. Sie ist eingebunden in einen weiteren Funktionszusammenhang, der primär auf die Behandlung einer anderen Erkrankung spezialisiert und auf die speziellen Herausforderungen von Demenz und Multimorbidität nicht eingestellt ist. Weder verfügen die Mitarbeitenden über das notwendige Know-how, noch sind die Räumlichkeiten, Prozesse und Abläufe entsprechend ausgerichtet. Es ist also nicht damit getan, das

Problem zu erkennen. Um diese Situation moralischer Brisanz nachhaltig aufzulösen, muss geschult und umstrukturiert werden. Das zu koordinieren und zu verantworten fällt nicht in den Aufgabenbereich Klinische Ethik. Sie kann Rahmenbedingungen in konkreten Fällen nicht beeinflussen. Die Bezugspunkte ergeben sich auf anderer Ebene. Wird eine Situation wie in obigem Fallbeispiel im Rahmen einer Ethik-Fallberatung angesprochen, wäre die ethische Aufarbeitung der konkreten Fragestellung unvollständig, ohne organisationale Zusammenhänge zu berücksichtigen. Denkbar ist aber, dass ein Beispiel wie dieses den Anlass gibt, um durch oder mit Unterstützung des Klinischen Ethikkomitees (KEK) eine hausinterne Leitlinie zur Versorgung demenziell erkrankter Patienten auf peripheren Stationen zu erarbeiten, die explizit ethische Aspekte einschließt (Riedel u. Linde 2016).

> **Organisationsethik** bedeutet die systematische ethische Reflexion von grundlegenden Werten, Aufgabenfeldern, Aufbau und Arbeitsprozessen innerhalb einer Organisation.

Das Beispiel zeigt: Klinische Ethikarbeit muss organisationale Zusammenhänge mitbetrachten, wenn sie den Anspruch erhebt, die Möglichkeiten zum Austausch über Moral im klinischen Alltag nachhaltig mitzugestalten. Dafür steht der Begriff Organisationsethik. Er beschreibt die systemische ethische Reflexion von Werten, Aufgaben, Aufbau und Arbeitsweisen einer Organisation (Arn u. Hug 2009). Genau betrachtet beinhaltet der Begriff zwei verschiedene Bedeutungsebenen, die miteinander in Wechselbeziehung stehen. Die erste und enger gefasste Ebene bezieht sich auf die moralische Verantwortung einer Organisation – im Unterschied zu derjenigen von Einzelpersonen. Angesprochen ist hier „das moralische Gewissen" einer Organisation beziehungsweise ihr Ethos, also die innerhalb einer Organisation gelebte Moral (Krobath 2010). Das umfasst auch die Frage, in welchem Ausmaß eine Organisation ihrer moralischen Verantwortung nachkommt beziehungsweise nachkommen sollte. Sehr oft wird dieser Anteil von Organisationsethik in Bezug auf die Ökonomisierung des Gesundheitswesens angemahnt. Ökonomische Werte dürften nicht zum alleinigen Handlungsmaßstab in einem Krankenhaus werden (Marckmann u. Maschmann 2017). Diese Bedeutungsebene geht aber über ökonomische Zusammenhänge hinaus. Darunter fällt zum Beispiel auch der Anspruch, demenziell erkrankte Patienten im Krankenhaus ihren speziellen Bedürfnissen entsprechend angemessen zu versorgen (Poppele et al. 2018).

Der Begriff Organisationsethik hat aber noch eine zweite und weiter gefasste Bedeutungsebene. Um den moralischen Anspruch innerhalb einer Organisation einzulösen, muss das gezielt geplant werden. Dafür stehen Bezeichnungen wie Wertemanagement, normatives Management oder ethische Infrastruktur (Wehkamp 2015; Tenbrunsel 2003; Rüegg-Stürm 2009). In Bezug auf Demenzpatienten zum Beispiel gelingt eine ethisch verantwortliche Versorgung auf peripheren Stationen nur dann zuverlässig, wenn diese Aufgabe in den Versorgungsstrukturen berücksichtigt ist. Alle Mitglieder des Behandlungsteams müssen die Möglichkeit haben, ihre Wahrnehmung von einer ethisch problematischen Situation anzusprechen. Mit anderen Worten: Ethik lässt sich aktiv organisieren. Das gilt nicht nur in Hinblick auf die Versorgungsstrukturen, sondern auch hinsichtlich der dazu nötigen kommunikativen Prozesse, die ein Reden über Moral ermöglichen oder aber erschweren. Entscheidet sich ein Krankenhaus dafür, ethische Themen im Rahmen eines normativen Managements bewusst zu gestalten, ist die Klinische Ethik zwar ein wesentlicher Baustein. Entscheidend aber ist, dass Ethik zum festen Thema der regulären Managementstrukturen wird (Wehkamp u. Wehkamp 2017).

2.3.2 Das Krankenhaus als System

In den meisten Fällen lassen sich ethische Fragestellungen in der Patientenversorgung ohne organisationalen Bezug also nicht vollständig erfassen. Aus diesem Grund kommt die Klinische Ethikarbeit nicht ohne ein genaueres Verständnis der Organisation Krankenhaus aus. Krankenhäuser bieten ein sehr spezielles Umfeld für die Entscheidungen und Handlungen, die sich in ihnen abspielen. Sie sichern ihre Funktionalität über festgelegte und fein aufeinander abgestimmte Prozesse und Handlungsabläufe sowie über definierte Entscheidungsbefugnisse und Hierarchien. Klinische Ethik kann nur dann erfolgreich sein, wenn sie diese Grundcharakteristik von Krankenhäusern und die sich daraus ergebenden spezifischen Rahmenbedingungen beachtet. Dabei hilft ein systemtheoretischer Zugang (Schuchter et al. 2020).

Im Sinne der Systemtheorie sind Krankenhäuser komplexe Organisationen, ebenso wie Sportvereine oder Parteien. Das bedeutet, dass sie ein ganz wesentliches Merkmal besitzen: Ihre inneren Dynamiken sind nicht immer vollständig nachvollziehbar und beeinflussbar. Dieser Umstand stellt alle vor erhebliche Herausforderungen, die beispielsweise in Krankenhäusern Themen gestalten und entwickeln wollen, so auch die Klinische Ethik. Hier liefert die systemische Organisationstheorie nützliche Ansatzpunkte. Demnach sind Organisationen, und damit auch Krankenhäuser, nicht-triviale, komplexe, soziale Systeme. Sie stehen in Abgrenzung zu trivialen oder auch technischen Systemen wie beispielsweise Maschinen (Simon 2011). Abbildung 3 veranschaulicht diesen Unterschied. Bei trivialen Systemen führt eine Einwirkung A von außen sicher zu einer vorhersehbaren Wirkung B (zumindest solange sich die Maschine im technisch einwandfreien Zustand befindet). Bei den nicht-trivialen oder auch komplexen Systemen ist gerade das anders. Ein Einwirken von außen A kann durch eine Vielzahl von Verknüpfungsmustern und Dynamiken unterschiedliche Reaktionen (B, C) hervorrufen. Das muss man wissen, wenn man beispielsweise in einem Krankenhaus die Voraussetzung für eine demenzsensible Patientenversorgung schaffen will und die Klinische Ethik daran etwa durch die Erarbeitung einer Ethik-Leitlinie beteiligt ist.

Die Wirkungskaskade komplexer Systeme lässt sich auf unterschiedliche Eigenschaften zurückführen, die sich zusammenfassen lassen mit den Stichworten strukturelle Kopplung, Kommunikation, zeitlicher Bezug und Eigendynamik (Autopoiese). Das mag tief in die Systemtheorie führen, hat aber zugleich einen sehr praktischen Bezug zur Klinischen Ethikarbeit.

Erstens sind komplexe Systeme in sich geschlossene Einheiten. Sie grenzen sich zu ihrer Umwelt unter anderem dadurch ab, dass in ihnen bestimmte kommunikative Strukturen, Verbindungen und Dynamiken bestehen, die sich von denen der Umwelt unterscheiden. Gleichzeit stehen komplexe Systeme in vielfältiger Wechselwirkung mit eben diesen Umwelten (Königswieser u. Hillebrand 2015, S. 33). Ein Beispiel dafür ist die Station eines Krankenhauses. Sie ist zwar eine in sich geschlossene Funktionseinheit, steht aber mit ihrer Umgebung in vielfältigem Austausch, also mit Nachbarstationen, der Krankenhausleitung, dem Reinigungsdienst, dem Krankentransport und so weiter. Bezogen auf das Beispiel wäre es zu kurz gegriffen, die Möglich-

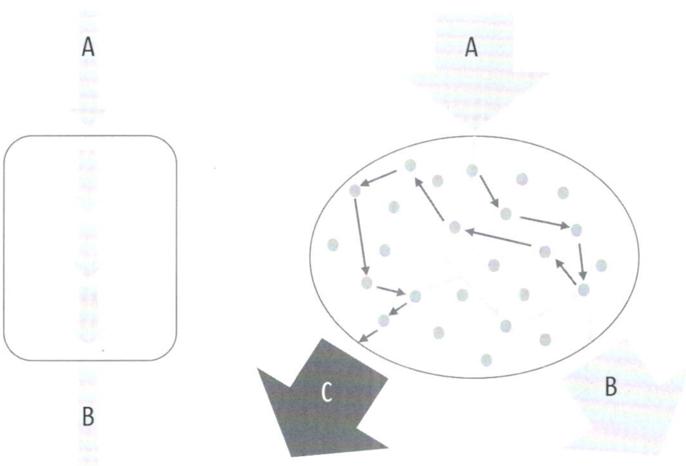

Abb. 3 Darstellung trivialer (links) und nicht-trivialer, komplexer (rechts) Systeme im Vergleich (nach Grossmann u. Lobnig 2013)

keiten zu mehr Demenzsensibilität bei zukünftigen Patienten zu planen, ohne alle Funktionseinheiten einzubeziehen, die mit der Station im Austausch stehen. Auch die Klinische Ethikarbeit sollte das beachten. Leitende Idee dabei ist, immer den Bezug zum Ganzen zu wahren, ohne dabei den Blick für die konkret zu lösende Aufgabe zu verlieren (beispielsweise eine unter Einbezug des Klinischen Ethik-Komitees erarbeitete Ethik-Leitlinie zu Demenzsensibiliät). Dabei helfen Techniken wie Organigramme oder Stakeholderanalysen (Schmitz 2015).

Zweitens besteht ein komplexes, soziales System zwar aus Menschen, existiert im Wesentlichen aber unabhängig von diesen (Simon 2011). Im obigen Beispiel sind das die ärztlichen, pflegerischen und therapeutischen Mitarbeitenden aller Hierarchieebenen ebenso wie die Patienten und deren Angehörige. Es handelt sich also um eine Vielzahl von Menschen, die nicht alle gleichzeitig anwesend sind und zum Teil kommen und auch wieder gehen. Konstituierendes Element ist die Kommunikation. Sie wird zwar durch die eingebundenen Menschen gepflegt, unterliegt aber eigenständigen Strukturen, Verbindungen und Dynamiken (Königswieser u. Hillebrand 2015). Das gibt einen weiteren praktischen Hinweis für Klinische Ethikarbeit. Es lohnt sich, den Blick auf die Kommunikationsstrukturen zu richten, denn sie ermöglichen oder behindern den Austausch über moralische Sachverhalte (Schermann 2010). Dabei helfen folgende Fragen: Welche Termine sind für einen regelmäßigen Informationsaustausch vorgesehen? Wer nimmt an ihnen teil? Welche Inhalte sollen jeweils bearbeitet werden? Für welche Fragestellungen gibt es kein Forum? Welche Themen lassen sich leicht ansprechen und welche ausgesprochen schwer?

Die grundlegenden Merkmale komplexer, sozialer Systeme sollten berücksichtigt werden bei dem Bemühen, Veränderungen in ihnen zu bewirken. Das gilt auch für Themen, die in den Aufgabenbereich der Klinischen Ethik fallen.

Drittens haben soziale Systeme einen zeitlichen Bezug beziehungsweise einen historisch gewachsenen Eigensinn. Sie sind das Ergebnis von gewachsenen Struktur- und Prozessmustern, die sich kontinuierlich den veränderten Anforderungen anpassen. Sie weisen eine Art „dynamische Stabilität“ auf (Grossmann u. Lobnig 2013). Komplexe, soziale Systeme reagieren nur bedingt auf Einwirkungen von außen, aber zu einem Großteil auf den eigenen inneren Zustand. Dieser zeitliche Bezug prägt die Abläufe und das Selbstverständnis der einzelnen Akteure. Das muss Klinische Ethik bedenken, will sie die Möglichkeiten zum Austausch über Moral fördern und in diesem Sinne Veränderungen unterstützten. Diese müssen sich immer am grundsätzlichen

Erhalt der Funktionsfähigkeit des Systems orientieren. Die Entwicklung neuer Strukturen muss Stabilität gewährleisten. Wichtig ist auch, dass sich komplexe Systeme langsam verändern. Jedes Ethikprojekt muss daher mit hinreichend Zeit und realistischen Meilensteinen geplant werden.

Viertens sind Organisationen, und somit auch Krankenhäuser, nach dem Verständnis der Systemtheorie vor allem eines: sich selbst regulierende soziale Entitäten. Sie besitzen eine historisch gewachsene Eigendynamik und eine Eigenlogik (Simon 2011; Grossmann u. Lobnig 2013). In der Sprache der Systemtheorie fällt das unter den Begriff Autopoiese. Sie beschreibt, dass komplexe Systeme nicht direkt auf Einflüsse von außen reagieren. Sie lassen sich somit auch nicht in eine Richtung zwingen. Impulse von außen treffen bei komplexen Systemen auf spezielle Ausgangsbedingungen. Komplexe Systeme sind bemüht, ihren momentanen Zustand und ihren historisch aufgebauten Sinn zu erhalten. Sie reagieren auf Veränderungsimpulse daher mit einer ihnen eigenen und nicht präzise vorhersagbaren Dynamik. Nach Möglichkeit nehmen sie Änderungen in einem Maße auf, das ihren Eigensinn nicht substanziell gefährdet. Ein Bild dafür ist ein Mobile, das durch einen Windstoß durcheinandergewirbelt wird. Es findet sicher zu einem neuen Zustand der Ruhe zurück, der sich aber in keinem Fall voraussagen lässt. Die systemische Organisationsentwicklung reagiert auf diesen Sachverhalt erstens mit dem Interventionskonzept, also der Idee einer gezielten Einflussnahme auf ein System. Zweitens sieht die Organisationsentwicklung eine fortlaufende kritische Überprüfung der eigenen Tätigkeit im Rahmen der sogenannten systemischen Schleife vor (Grossmann u. Lobnig 2013). Das lässt sich sehr gut auf die Klinische Ethik übertragen. Auf welche Weise das gelingt, wird im zweiten Teil dieses Buches diskutiert (s. Kap. 3.3 *Strukturen, Arbeitsfelder und Ethik-Interventionen*).

2.3.3 Auf dem eigenen Spielfeld bleiben

Die Klinische Ethik behandelt häufig Situationen, in denen alle Beteiligten sich vor ein erhebliches moralisches Dilemma gestellt sehen und sich zugleich machtlos fühlen. Das Fallbeispiel 3 gibt davon einen Eindruck: Wenn die gegebenen Rahmenbedingungen nicht auf die Versorgung von Demenzpatienten ausgelegt sind, wird es für den einzelnen Mitarbeitenden außerordentlich schwierig, einen demenzsensiblen Zugang zu Patienten zu finden. Der gleiche Effekt wird aber auch in ganz anderen Zusammenhängen sichtbar. Beispielweise, wenn ökonomische Vorgaben ein patientenorientiertes Vorgehen erschweren (Deutscher Ethikrat 2016, S. 59). Ein anderes Beispiel aus der jüngsten Vergangenheit sind die Besuchsbeschränkungen, die der Covid-19-Pandemie geschuldet sind. Im Einzelfall führten sie zu teilweise tragischen Situationen, etwa wenn Angehörige einen Patienten über

Wochen hinweg nicht besuchen konnten, der in besonderem Maß auf familiäre Ansprache angewiesen war. Die Klinische Ethik sollte dazu beitragen, eine Antwort auf solche Situation und die mit ihnen verbundene Machtlosigkeit zu finden. Dabei hilft ein Verständnis davon, in welche gesamtgesellschaftliche Konzeption die Patientenversorgung eingebunden ist und wie diese Zusammenhänge das Gefühl beeinflussen, nichts tun zu können.

Mit der Gesundheitsversorgung erfüllen Krankenhäusern einen gesamtgesellschaftlichen Auftrag. Um diesem nachzukommen, haben sie bestimmte Strukturen, Prozesse und Abläufe herausgebildet, die entsprechend ihrer Aufgaben hochkomplex sind. Das dient dem Ziel, den Patienteninnen und Patienten eine fachlich bestmögliche und darüber hinaus konsequent patientenorientierte Versorgung zukommen zu lassen. Soziologisch betrachtet berührt das drei soziale Ebenen (s. Abb. 4). Die Makroebene beschreibt gesamt- und teilgesellschaftliche Zusammenhänge, wie beispielsweise das Gesundheitswesen. Die Mesoebene bezieht sich auf organisationale Zusammenhänge. Darunter fallen etwa Krankenhäuser. Die Mikroebene schließlich beschreibt den Bereich der zwischenmenschlichen Interaktionen, also das Feld der Versorgung einzelner Personen (Rüegg-Stürm 2009).

Krankenhäuser erfüllen als Akteure der Mesoebene einen gesamtgesellschaftlichen Auftrag. Er besteht darin zu heilen, zu lindern und vorzubeugen, dabei wirtschaftlich zu agieren und maßgebliche moralische Normen zu befolgen. Die in einem Krankenhaus tätigen Personen – Mitarbeitende, Patientinnen und Patienten sowie Angehörige – sind Akteure der Mikroebene. Klinische Ethik wird oftmals von der Mikroebene aus gedacht. Ihr Ausgangspunkt liegt im Einzelschicksal, das heißt in der Versorgung einzelner Personen, die von einem der Beteiligten als ethisch problematisch erlebt wird. Um die verschiedenen Ansatzmöglichkeiten für Klinische Ethik zu verdeutlichen, lohnt sich ein genauerer Blick auf das Fallbeispiel 3. Dabei soll speziell auf die verschiedenen Ebenen eingegangen werden, auf denen sich eine moralische Brisanz zeigt.

Die moralische Problematik zeigt sich in diesem Beispiel auf der Mikroebene bei der Versorgung von Frau Peters. Aber, und das ist entscheidend, nachhaltig beeinflusst werden kann die Situation nur auf der Mesoebene. Die Stationsleitung und die zuständige ärztliche Leitung können beispielweise entscheiden, die Mitarbeitenden umfassend in der Versorgung demenziell erkrankter Patienten zu schulen oder die Prozesse auf die speziellen Bedürfnisse dieser Patientengruppe hin auszurichten. Die in der Klinischen Ethik Tätigen sind nach diesem Modell ebenfalls Akteure der Mesoebene, die aber die Situation auf der Mikroebene beeinflussen können. Die Ethik-Fallberatung kann beispielweise herausarbeiten, worin die moralische Intuition begründet ist, welches moralische Dilemma damit einhergeht und wie das Behandlungsteam im Rahmen der gegebenen Bedingungen die Versorgung

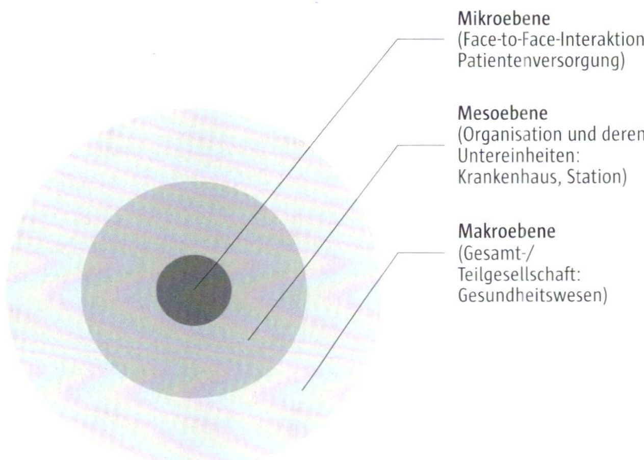

Abb. 4 Soziologisches Ebenen-Modell und dessen Bezug zur Klinischen Ethik

demenziell erkrankter Personen bestmöglich realisiert. Sinnvoll wären auch Schulungsmaßnahmen zur Identifikation ethischer Konfliktthemen, damit die Mitarbeitenden in vergleichbaren Situationen schneller ins Gespräch darüber finden.

Das Entscheidende hier ist: Auch wenn die Mitglieder des Stationsteams viele dieser Faktoren nicht beeinflussen können, bestimmen die Faktoren ganz erheblich die Tragweite des moralischen Dilemmas und damit auch des individuell wahrgenommenen Moral Distress (Ulrich u. Grady 2018). In diesem Fall liegt es nahe, eine Verbesserung der Gesamtsituation anzumahnen. So berechtigt diese Forderung im Einzelfall sein mag, so führt sie doch leicht zu einem Gefühl der Machtlosigkeit. Der Grund ist einfach: Bildhaft gesprochen liegt der Ball außerhalb des eigenen Spielfeldes bei den anderen. Sinnvoller ist es in solchen Momenten, sich auf den eigenen Einflussbereich zu konzentrieren. Eine Ärztin oder ein Pflegender hat in aller Regel außerhalb von Wahlen keinen Einfluss auf gesundheitspolitische Entscheidungen, wohl aber auf den konkreten Umgang mit einem Patienten im Rahmen der gegebenen Möglichkeiten.

Klinische Ethikarbeit muss diese Zusammenhänge immer anerkennen. Im Rahmen einer Ethik-Fallberatung ist es sinnvoll, auf organisationale und gesamtgesellschaftliche Faktoren hinzuweisen. Die Sichtbarmachung von Zusammenhängen kann für sich eine entlastende Wirkung haben. Ethik-Fallberatung darf aber keine falschen Erwartungen wecken. Sie muss die

Grenzen des jeweils Beeinflussbaren deutlich aufzeigen. Auch für die weiteren Aufgabenfelder der Klinischen Ethik bietet das Ebenenmodell einen praktischen Hinweis. Klinische Ethik kann zu einem Akteur der Mesoebene werden, aber nur, wenn das in enger Abstimmung mit den jeweils Verantwortlichen erfolgt (Steinkamp u. Gordijn 2010). Auch innerhalb der Mesoebene muss Klinische Ethik das eigene Spielfeld sorgfältig abstecken. Das geschieht im Rahmen der Auftragsklärung, bei der die Beteiligten innerhalb des Krankenhauses die gewünschten Themenfelder und Angebote absprechen. Weil das eine immens wichtige Grundvoraussetzung für Klinische Ethikarbeit ist, wird das Thema Auftragsklärung im zweiten Teil des Buches noch ausführlich diskutiert (s. Kap. 3.4 *Auftragsklärung*).

Literaturtipp

Wehkamp K, Wehkamp KH (2017) Ethikmanagement im Krankenhaus. MWV Berlin

3 Klinische Ethik entwickeln

3.1 Der Weg hin zur modernen Klinischen Ethik

Die Anfänge einer strukturierten Klinischen Ethik reichen zurück bis in die Mitte des vergangenen Jahrhunderts, als der medizinisch-technische Fortschritt mit neuen Diagnose- und Therapiemöglichkeiten bis dahin unbekannte moralische Dilemmata hervorbrachte. Diese Entwicklung hatte ihren Ausgangspunkt in den USA. Rückblickend lassen sich verschiedene Wegmarken ausmachen, die den Aufbau der Klinischen Ethik vorantrieben. Einen Kristallisationspunkt bilden dabei die Neuerungen in der Transplantationsmedizin, insbesondere die Herztransplantation. Mit den neuen Techniken und Möglichkeiten gewannen der Hirntod und dessen Bestimmung als Voraussetzung, Organe zu entnehmen, an Bedeutung. Zur Klärung dieser Frage wurde 1968 in Boston das sogenannte „Ad-Hoc-Committee On Defining Brain Death" eingerichtet. Ein anderes Ereignis, das die Entwicklung der Klinischen Ethik maßgeblich beeinflusst hat, war das Schicksal der Patientin Karen Ann Quinlan. Sie fiel 1975 nach einer Hirnschädigung in ein irreversibles Koma. In der Folge entstand zwischen den behandelnden Ärzten und der Familie ein Streit über die Fortführung der Therapie, der letztlich gerichtlich ausgetragen wurde. Der Fall regte viele an über eine passende Form der Entscheidungsfindung in vergleichbaren Fällen nachzudenken (Frewer 2012; Steinkamp u. Gordijn 2010, S. 101–102).

In den USA führten diese Entwicklungen bereits in den 1960er-Jahren zu Einrichtungen, die man als erste Vorläufer der heutigen Klinischen Ethik ansehen kann. Die vielleicht bekannteste frühe Ethikstruktur ist ein in der allgemeinen Debatte als „Life and Dead Committee" bezeichnetes Gremium, das 1962 in Seattle eingerichtet wurde. Es war interdisziplinär zusammengesetzt und hatte darüber zu entscheiden, welchen Patienten die damals neue und nur begrenzt vorhandene Ressource Dialyse zugutekommen sollte. Ein anderer Vertreter früher Ethikgremien ist das 1974 in Boston gegründete „Optimum Care Committee". Dessen Aufgabe bestand in der Beratung von ethisch komplexen Fragestellungen bei klinisch schwierigen Behandlungsfällen (Frewer 2012). Im Verlauf der 1970er-Jahre entstanden auch an anderen US-amerikanischen Kliniken erste Ethikstrukturen. Diese Entwicklung erhielt 1983 durch die von der „President's Commission for the Study of Ethical Problems in Medicine" ausgesprochene Empfehlung zur Einrichtung von Ethik-Komitees zusätzlichen Antrieb (May 2018). Heute verfügen nahezu alle größeren US-amerikanischen Krankenhäuser über Ethikstrukturen (Fox et al. 2007; Winkler 2009).

In Europa fand eine vergleichbar frühe Entwicklung in den Niederlanden statt (Steinkamp u. Gordijn 2010). Deutschland folgte mit zeitlicher Verzögerung. Hier steht die Entwicklung vor dem historischen Kontext des Bewusstseinswandels der 1970er-Jahre für die Bedeutung ethischer Fragen in der Medizin und im Gesundheitswesen (Schlaudraff 2006). Wichtige Impulse gingen dabei von den Evangelischen Akademien sowie von einzelnen Personen aus, die durch berufliche Kontakte eigene Erfahrungen mit der Klinischen Ethik in der USA gemacht hatten und diese in die Diskussionen in Deutschland einbrachten (Bruns 2012b). Das führte in den 1980er-Jahren zur Gründung wichtiger Foren für den wissenschaftlichen Fachaustausch über medizinethische Fragestellungen im Klinischen Alltag. Zu nennen sind hier allem voran das Zentrum für medizinische Ethik e.V. an der Ruhr-Universität Bochum und die Akademie für Ethik in der Medizin (AEM) (May 2018). Die AEM entwickelte sich im weiteren Verlauf zur Fachgesellschaft der Medizinethik in Deutschland mit heute über 900 Mitgliedern (www.aem-online.de).

Für die Entstehung von Ethikstrukturen an deutschen Krankenhäusern stellt das 1997 veröffentlichte Positionspapier der beiden christlichen Krankenhausverbände eine maßgebliche Zäsur dar. Das Papier empfahl die Einrichtung von Ethikgremien in Krankenhäusern christlicher Trägerschaft und trieb dort die Entwicklung von Ethikstrukturen voran (Deutscher Evangelischer Krankenausverband et al. 1997). Krankenhäuser anderer Trägerschaft folgten später und teils unter dem Druck, dass Zertifizierungsprozesse die Einrichtung von Ethikstrukturen einforderten (Bauer u. Dewies 2018). Bruns weist darauf hin, dass es mehr nach KTQ-zertifizierte Krankenhäuser gibt, die laut Anforderungen Ethikstrukturen vorhalten sollten, als Häuser, an denen sich solche Strukturen tatsächlich nachweisen lassen (Bruns 2012b). Zwei weitere Ereignisse hatten einen erheblichen Einfluss auf die Etablierung Klinischer Ethik: Zum einen ist das die 2006 veröffentlichte Stellungnahme der Zentralen Ethikkommission der Bundesärztekammer, die die Einrichtung von Ethikgremien an Krankenhäusern empfahl und zugleich eine Definition von Klinischer Ethik und ihren Strukturen vorlegte (BÄK 2006). Vorangetrieben wurde die Entwicklung zum anderen 2011 durch die Novelle des Hessischen Krankhausgesetzes, die Hessische Krankenhäuser verpflichtet, Ethikbeauftragte zu bestellen (Sauer et al. 2018).

Die Einbindung von Ethikstrukturen in die Patientenversorgung wird heute von maßgeblichen Stellen empfohlen. Dazu zählen unter anderem die Bundesärztekammer (BÄK 2011; BÄK 2018), der Deutsche Ethikrat (Deutscher Ethikrat 2016) und die Deutsche Interdisziplinäre Vereinigung für Intensiv- und Notfallmedizin (Janssens et al. 2013). Die Klinische Ethik scheint im deutschen Krankenhausalltag angekommen zu sein. Entsprechend verfügt eine stetig wachsende Anzahl deutscher Kliniken über entsprechende Angebote. Im Einzelnen unterscheiden die sich jedoch sowohl in Hinblick auf die Strukturen als auch auf die Ressourcenausstattung deutlich (Schochow et al. 2014). Die Bezeichnung Klinisches Ethik-Komitee verweist auf den Ursprung dieser Entwicklung: Ethikstrukturen im klinischen Kontext. Mittlerweile existieren solche Angebote aber auch in anderen Versorgungszweigen wie Pflegeeinrichtungen, in der Hospiz- und Palliativversorgung sowie in ambulanten Versorgungszusammenhängen (Sauer et al. 2012; Coors et al. 2015; Riedel 2012; Seifart et al. 2018).

Seit etwa 2000 taucht in den Fachdebatten vermehrt ein Terminus auf, der die Klinische Ethik in einen weiteren, bis dahin nicht berücksichtigten Kontext setzt: Organisationsethik (Wallner 2015; Schuchter et al. 2020). Unter diesen Begriff fallen organisationsrelevante Fragestellungen, sofern sie sich auf die ethische Qualität der Patientenversorgung auswirken. Damit rücken die Leitung und das Management mit in die Verantwortung für die Gestaltung einer am Patientenwohl orientierten Versorgung (Hellmann 2015; Wehkamp u. Wehkamp 2017). 2016 formulierte der Deutsche Ethikrat in einer Stellungnahme zum „Patientenwohl als ethischer Maßstab für das Krankenhaus“: „Die Kompetenz eines Krankenhauses erweist sich nicht nur in einer positiven ökonomischen Bilanz“ (Deutscher Ethikrat 2016, S. 89). Von Bedeutung seien zudem Strukturen, die allen Personen, die an der Patientenversorgung beteiligt sind, eine professionelle Kommunikation auf Augenhöhe ermöglichten. Klinische Ethik und ein bewusstes Wertemanagement sind nach diesem Verständnis zentrale Aufgaben einer Krankenhausleitung. Die Klinische Ethik steht damit in einem breiteren Bedeutungszusammenhang.

Literaturtipp

May AT (2018) Klinische Ethikberatung in Deutschland – zum Stand der Dinge. In: Sauer T, Schnurrer V, Bockenheimer-Lucius G (Hrsg.) Angewandte Ethik im Gesundheitswesen. Aktuelle Entwicklungen in Theorie und Praxis. 23–34. LIT Verlag Berlin

3.2 Die Aufgabe der Klinischen Ethik

Klinische Ethik wird in diesem Buch als eine praktische Disziplin verstanden, die mehr aufgreift als die reine Unterstützung bei der Lösung einer ethisch komplexen Fragestellung, etwa bei der Versorgung eines einzelnen Patienten in einem Krankenhaus. Klinische Ethik weitet ihren Blick diesem Verständnis nach auch auf die Strukturen, in die eine solche Situation eingebettet ist. Sie fragt, wie es gelingen kann, dass die an dieser Situation beteiligten Personen zu einer bestenfalls gemeinsam getragenen Entscheidung gelangen können, die umfassend reflektiert und abgewogen wurde. Sie erörtert, welche Rahmenstrukturen und welches Know-how dafür erforderlich und förderlich sind.

Der Terminus steht in Abgrenzung zu anderen Begriffen, die benachbarte Sachverhalte bezeichnen. Beispielweise fallen unter die Bezeichnung Bioethik Themen aus dem gesamten Bereich von Medizin und Gesundheitsversorgung (Düwell 2008). Medizinethik und Pflegeethik beschreiben sogenannte Bereichsethiken, beziehen sich also auf die relevanten ethischen Thematiken für eine bestimmte Berufsgruppe (Maio 2017). Die Forschungsethik wiederum befasst sich mit ethischen Fragestellungen im Zusammenhang mit Forschung – nicht ausschließlich, aber doch schwerpunkthaft in Hinblick auf die Forschung am Menschen (Fuchs et al. 2010). Im Gegensatz dazu besteht die primäre Aufgabe der Klinischen Ethik darin, in einem Krankenhaus die Möglichkeiten zum Austausch über Moral in alltäglichen Handlungen und Entscheidungen im Rahmen der Patientenversorgung mitzugestalten.

Die Kernaufgabe Klinischer Ethik besteht darin, in einem Krankenhaus die Möglichkeiten zum Austausch über Moral in den alltäglichen Handlungen und Entscheidungen mitzugestalten. Klinische Ethik ist somit eine praktische Disziplin.

Klinische Ethik geht davon aus, dass die in einem Krankenhaus Tätigen grundsätzlich nicht nur in der Lage sind, in sehr komplexen Situationen einen konstruktiven Dialog über ethische Fragestellungen zu führen, sondern das in aller Regel auch tun. Der bewusste Umgang mit Moral und Ethik ist ein fester Bestandteil des Berufsethos der Gesundheitsberufe. Dennoch zeigt die Praxis, dass ein solcher Austausch nicht immer gelingt. Vielmehr führen manche Fragestellungen wiederkehrend zu Situationen, die von den Beteiligten als ethisch problematisch empfunden werden (Sauer 2015).

Dass ethische Fragen im Versorgungsalltag mitunter zu kurz kommen, hat unterschiedliche Gründe. Die Gesundheitsversorgung ist ein Lebensbereich, der viele Momente von moralischer Brisanz kennt. Der medizinisch-technische Fortschritt ermöglicht immer neue Therapien, die nicht unbedingt das Grundleiden heilen, wohl aber eine Verbesserung der Situation bewirken können. Das allerdings unter Inkaufnahme teils starker Belastungen. Eine Therapieentscheidung kann vor diesem Hintergrund von erheblicher „moralischer Sprengkraft" sein. Beinhaltet sie doch auch die Frage, ob eine medizinisch grundsätzlich sinnvolle Therapie in der konkreten Situation für den primär Betroffenen, also den Patienten, in dessen individueller Wahrnehmung mehr Gutes bewirkt, als sie an Belastungen verursacht.

Der Austausch über das moralisch „richtige" Handeln wird aber auch durch die kommunikativen Rahmenbedingungen erschwert. Die Versorgung eines Patienten ist oftmals sehr komplex. Verschiedene Berufsgruppen und Fachdisziplinen sind involviert. Sie begegnen dem Patienten zu unterschiedlichen Zeitpunkten und aus unterschiedlichen Perspektiven. Das prägt ihre Wahrnehmung in Hinsicht auf die ethischen Aspekte einer Behandlung. Für eine umfassende ethische Erörterung ist Multiperspektivität daher eine wichtige Voraussetzung. Die dafür notwendigen interprofessionellen Teambesprechungen sind im Krankenhausalltag aber oft nicht hinreichend umgesetzt – weil die strukturierten Abläufe das nicht vorsehen oder weil schlicht die Zeit fehlt, um im eng getakteten Arbeitsalltag auf ethisch komplexe Situationen aufmerksam zu werden und sich darüber auszutauschen (de Heer u. Kluge 2012).

Kurzum, obwohl alle Beteiligten grundsätzlich zu einem konstruktiven Austausch über komplexe ethische Fragestellungen in der Lage sind, scheitert das oftmals an den damit verbundenen besonderen Herausforderungen oder an den Bedingungen des Alltags. Hier setzt die Klinische Ethik an: Sie ist die Disziplin, die Ärzte, Pflegende und Therapeuten dabei unterstützt, in der Komplexität des Arbeitsalltags ihre Ethik-Kompetenz zuverlässig abzurufen. Dazu vermittelt sie ethisches Know-how (Ethik-Fortbildung), wirkt bei der Gestaltung von strukturierten Abläufen mit, in denen ethische Gesichtspunkte berücksichtigt werden (Ethik-Leitlinien), stellt Beratungs- und Vermittlungsangebote bereit bei nachhaltigen moralischen Dilemmata oder Konflikten (Ethik-Fallberatung) und fördert eine niedrigschwellige Erreichbarkeit sowie gut aufgestellte Ethik-Experten vor Ort (organisationale Durchdringung) (s. Abb. 5).

Abb. 5 Aufgaben der Klinischen Ethik

So verstanden ist Klinische Ethik ihrem Grundcharakter nach eine diskursive und keine normative Disziplin. Das heißt, sie unterstützt alle Beteiligten beim Austausch und der Einigung darüber, was in einer konkreten Situation moralisch „richtig" und was „falsch" ist. Im Umkehrschluss bedeutet das, dass Klinische Ethik nicht die Aufgabe hat, normative Urteile zu fällen. Vielmehr gestaltet sie die Voraussetzungen und die Rahmenbedingungen mit, die einen guten Austausch über Moral im Klinikalltag ermöglichen und fördern. Dabei kann es wichtig sein, relevante moralische Normen und Rechtsnormen einzubringen – beispielsweise im Verlauf einer Ethik-Fallberatung oder einer Schulungseinheit. Bei der Entwicklung einer Ethik-Leitlinie wiederum sind Situationen denkbar, in denen gerade normative Setzungen das eigentliche Arbeitsziel darstellen. Hier besteht die Aufgabe der Klinischen Ethik darin, innerhalb der Organisation eines Krankenhauses den Entscheidungsprozess anzuleiten, der über die Normen entscheidet, die für die Einrichtung maßgebend sein sollen. Klinische Ethik trägt somit nicht die Verantwortung dafür, dass im Versorgungsalltag eines Krankenhauses alles moralisch „richtig" abläuft. Das können nur diejenigen besorgen, die direkt den Versorgungsalltag gestalten. Sie hat aber die Aufgabe, diejenigen, die an diesem Versorgungsalltag beteiligt sind, bestmöglich zu unterstützen, mit ethisch komplexen Themen kompetent umzugehen (Gasparetto et al. 2018).

Klinische Ethik

- bestimmt nicht, was moralisch „richtig" ist,
- ist nicht dafür verantwortlich, dass Ethikreflexion im Klinikalltag gut gelingt,
- unterstützt Einzelne, Gruppen oder das ganze Klinikum beim Umgang mit ethisch komplexen Fragestellungen,
- gibt einen Rahmen vor, innerhalb dessen ethisch abgewogene und zwischen verschiedenen Interessengruppen ausgehandelte Entscheidungen getroffen werden können (BÄK 2006).

Begreift man Klinische Ethik in diesem Sinne, wird deutlich, dass dafür nicht nur ein fundiertes Wissen über ethische Grundannahmen Voraussetzung ist. Nötig sind auch Beratungskompetenzen und Kenntnisse über organisationale Zusammenhänge sowie Techniken der Organisationsentwicklung (Rasmussen 2016). Klinische Ethik ist so ein integraler Bestandteil der Organisation eines Krankenhauses (Bauer u. Dewies 2018).

Im Folgenden sollen drei Zugänge vorgestellt werden, die dieses umfassende Verständnis von Klinischer Ethik mit unterschiedlicher Schwerpunktsetzung zugrunde legen. Sie stellen die zentralen Ausgangspunkte dar für die in diesem Buch dargestellten Überlegungen. Das erste, das Interaktionsmodell, greift die Frage auf, wie Top-down- und Bottom-up-Ansätze bei der Entwicklung von Ethikstrukturen zueinander im Verhältnis stehen (Steinkamp u. Gordijn 2010). Im Top-down-Ansatz zeichnet die Leitungsebene für die Bearbeitung ethischer Fragestellungen im klinischen Kontext verantwortlich, beispielsweise durch die Einrichtung eines Klinischen Ethik-Komitees oder die Verabschiedung einer Ethik-Leitlinie. Der Begriff Bottom-up umfasst die Annahme, dass moralische Probleme im konkreten Einzelfall durch die jeweiligen Verantwortlichen auf Station beziehungsweise im Behandlungsteam gelöst werden müssen. Dabei kann Ethik-Fallberatung unterstützen. Das Interaktionsmodell verbindet beide Ansätze. Es formuliert einen Vorschlag, wie sich Ethikstrukturen auf Organisationsebene (KEK) und auf Stationsebene (Fallberatung) sinnvoll gegenseitig ergänzen. An vielen Krankenhäusern entsprechen die Ethikstrukturen diesem Konzept – bei allen Unterschieden im Detail (Winkler 2009; Schochow et al. 2014).

Auch der zweite Ansatz, METAP, sieht eine Verbindung unterschiedlicher Herangehensweisen vor (Albisser-Schlegel et al. 2019). Das Akronym steht für die Schlüsselbegriffe Modular, Ethik, Therapieentscheide, Allokation und Prozess. Es handelt sich um eine Methode für eine strukturierte ethische Entscheidungsfindung. Sie setzt an, wenn ein Beteiligter individuell ethische Sachverhalte bemerkt. Über insgesamt vier sogenannte Eskalationsstufen leitet sie eine Auseinandersetzung an, die sich bei Bedarf ausweitet. Das Ziel von METAP besteht darin, den im Krankenhaus Tätigen konkrete Hilfen an die Hand zu geben, um moralisch komplexe und konflikthafte Situationen zu erkennen und zu bearbeiten. Damit sollen alle Beteiligten in die Lage versetzt werden, ethisch anspruchsvolle Lagen im Rahmen der Regelkommunikation für alle zufriedenstellend zu lösen („Alltagsethik"). Damit METAP gelingen kann, muss die Strategie unbedingt umfassend in die Strukturen eines Krankenhauses eingebunden werden (Tanner et al. 2014).

Das dritte Konzept, Ethik-Management, basiert auf der Annahme, dass im modernen Gesundheitssystem Ethik einer professionellen Gestaltung bedarf (Wehkamp u. Wehkamp 2017; Hellmann 2015). Die hierfür notwendigen Techniken stammen zu einem Großteil aus dem Methodenrepertoire des Managements. Sie greifen auf ein systemisches Verständnis von Organisationen zurück (Wallner 2015). Demnach können Ethikstrukturen in einem Krankenhaus nur dann erfolgreich entwickelt werden, wenn Führung und Management das als eigene elementare Aufgabe annehmen. Professionellen Ethikern kommt hier ein fester Platz zu, der gleichberechtigt etwa neben dem Qualitätsmanagement rangiert. Das Konzept zielt auf die ethische Kultur eines Krankenhauses ab und weist dafür einer Vielzahl von Instanzen und Personen eine jeweils spezifische Verantwortung zu.

Literaturtipp

Albisser Schleger H et al. (2019) Klinische Ethik – METAP Leitlinie für Entscheidungen am Krankenbett. Springer Berlin/Heidelberg

Steinkamp N, Gordijn B (2010) Ethik in Klinik und Pflegeeinrichtung. Ein Arbeitsbuch. Luchterhand Köln

3.3 Strukturen, Arbeitsfelder und Ethik-Interventionen

Strukturen Klinischer Ethik müssen angepasst an die Gegebenheiten, Bedarfe und Möglichkeiten des jeweiligen Krankenhauses entwickelt werden (Hartman et al. 2019b; Gschwandtner et al. 2020). Entsprechend vielfältig ist die Umsetzung (Rasoal et al. 2017). Trotz aller individuellen Unterschiede lässt sich eine grundlegende Systematik hinsichtlich des Aufbaus und der wichtigsten Arbeitsfelder beschreiben (s. Abb. 6). Diese wurde grob bereits 2006 von der Bundesärztekammer skizziert und vier Jahre später von der Akademie für Ethik in der Medizin spezifiziert (BÄK 2006; AEM 2010). Das hier verwendete Verständnis greift auf diese beiden Papiere zurück und ergänzt die dort formulierte Aufgabentrias – Fallberatung, Fortbildung, Ent-

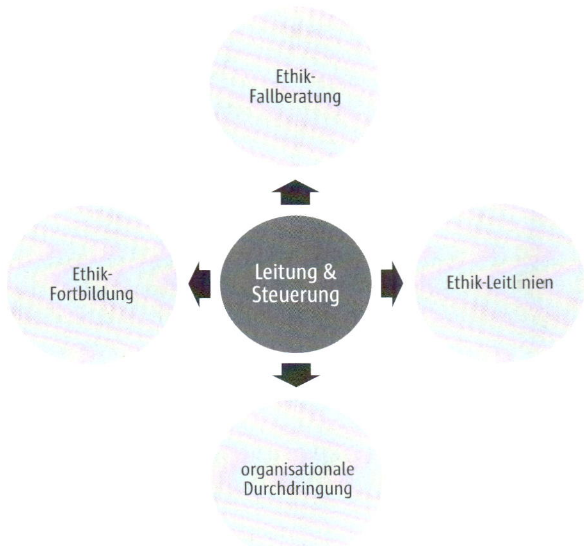

Abb. 6 Strukturen und Arbeitsfelder der Klinischen Ethik

wicklung von Leitlinien – durch Ansätze zur Einbindung Klinischer Ethik in die organisationale Gesamtheit eines Krankenhauses (organisationale Durchdringung).

Klinische Ethik sollte außerdem immer über eine Leitungs- und Steuerungsebene verfügen. Dabei kann es sich um ein Klinisches Ethik-Komitee (KEK), einzelne Ethikbeauftragte oder eine Kombination aus beidem handeln. Unabhängig davon, wie die Leitungs- und Steuerungsstrukturen in einem Haus konkret gestaltet sind, haben sie im Wesentlichen die Aufgabe, die Zielrichtung der Ethikarbeit und die sich daraus ergebenden Aufgaben mit der Leitung des Krankenhauses abzustimmen, die Arbeit zu steuern, das Themenfeld innerhalb der Einrichtung zu vertreten und für ethische Fragestellungen ansprechbar zu sein (Wehkamp u. Wehkamp 2017, S. 38–92; Woellert 2019a).

Bei einem Klinischen Ethik-Komitee (KEK) handelt es sich um ein multidisziplinär zusammengesetztes Gremium. Mittlerweile verfügt die Mehrzahl der Krankenhäuser in Deutschland über eine solche Einrichtung, und das weitestgehend unabhängig von Größe und Trägerschaft (Schochow et al. 2019). Je nach Größe des Hauses besteht ein KEK aus fünf bis 20 Personen, die unterschiedlichen Fachdisziplinen und Hierarchieebenen angehören

(AEM 2010). Dabei sollten alle am Haus tätigen Gesundheitsberufe vertreten sein, aber auch Mitarbeitende aus der Rechtsabteilung, dem Qualitätsmanagement, der Seelsorge und dem Sozialdienst. Sinnvoll ist zudem die Einbindung von Patientenvertretern, einem externen Mitglied und – wenn verfügbar – Ethikern. Mit dieser Zusammensetzung soll erreicht werden, dass die im KEK behandelten Themen aus möglichst vielen Perspektiven bearbeitet werden können.

Klinische Ethik bewegt sich in einem Spannungsfeld zwischen institutioneller Einbindung auf der einen und Unabhängigkeit auf der anderen Seite. Das drückt sich auch in der Aufstellung des KEK aus: Dessen Mitglieder werden vom Vorstand der Einrichtung berufen. Die laufende Arbeit muss mit den Leitungen der davon betroffenen Bereiche abgestimmt werden. Zugleich erfolgt die ethische Meinungsbildung innerhalb des Gremiums weisungsungebunden. Aufgaben, Struktur, Zusammensetzung, Arbeitsform und Berichtswesen sollten in einer Satzung und Geschäftsordnung geregelt sein, die diese Balance zwischen Unabhängigkeit und Organisationsbezug abbildet (Steinkamp u. Gordijn 2010, S. 173–191; AEM 2010).

Für eine erfolgreiche Umsetzung bedarf Klinische Ethik personeller Strukturen. Die Leitung und Steuerung kann von einem Klinischen Ethik-Komitee (KEK) oder von Ethikbeauftragten übernommen werden. Sinnvoll ist auch eine Kombination beider Strukturen. Die Verankerung in der Organisationsstruktur des Krankenhauses muss klar geregelt sein.

Ein KEK benennt einen Vorstand oder Vorsitz, der das Gremium nach außen vertritt und die Arbeit koordiniert. Die Aufgaben des KEK umfassen vor allem die Planung und Koordination der Klinischen Ethikarbeit. Abhängig von den Gegebenheiten vor Ort muss aber nicht jede der damit verbundenen Aufgaben von den Mitgliedern des KEK wahrgenommen werden. Häufig gibt es weitere Abteilungen oder Arbeitsgruppen, die einzelne Themen der Klinischen Ethik bearbeiten. Das KEK ist aber im Sinne der Leitung und Steuerung dafür zuständig, die unterschiedlichen Ethikangebote zu koordinieren, zusammenzuführen und qualitätssichernd zu begleiten. Dafür müssen dessen Mitglieder über eine angemessene Ethikqualifikation verfügen, die abhängig ist von ihren jeweiligen Aufgaben. Nicht jedes KEK-Mitglied muss zwingend über eine Qualifikation „Berater*in für Ethik im Gesundheitswesen“ (K1) verfügen, wie es die Akademie für Ethik in der Medizin als Grundlage für die Durchführung von Ethik-Fallberatungen beschreibt (AEM 2019). Unstrittig ist aber, dass ein KEK nur funktioniert, wenn eine Mindestanzahl von Mitgliedern über entsprechende Kenntnisse verfügt (BÄK 2006; AEM 2010).

Eine andere Möglichkeit der Leitung- und Steuerung Klinischer Ethik besteht in der Benennung von einzelnen Ethikbeauftragten. Dieses Konzept stammt ursprünglich aus der Unternehmensethik (Schurrer 2018). Es lässt sich aber gut auf den Bereich der Klinischen Ethik übertragen. KEK und Ethikbeauftragte können sich sinnvoll ergänzen. Gibt es in einem Krankenhaus beide Strukturen, sollte das Verhältnis zwischen ihnen sinnvoll gestaltet und klar geregelt werden. Ethikbeauftragte übernehmen dann beispielsweise die zentrale Koordination der Klinischen Ethik. Um dabei effektiv agieren zu können, müssen sie einerseits über einen unabhängigen Gestaltungsraum verfügen und zugleich in der Organisationsstruktur hochrangig verortet sein, um Themen mit der Leitung eines Krankenhauses abzustimmen (Wehkamp u. Wehkamp 2017, S. 89–91; Wehkamp 2015).

Insgesamt verfügen nur sehr wenige Krankenhäuser über Ethikbeauftragte (Simon 2020). Eine Besonderheit stellt hier das Bundesland Hessen dar, denn das hessische Krankenhausgesetz schreibt seit 2011 die Benennung eines Ethikbeauftragten verbindlich vor (HKHG). Seitdem hat die Anzahl von Ethikgremien in hessischen Krankenhäusern deutlich zugenommen (Sauer et al. 2018; Schochow et al. 2014). Ähnlich wie bei einem KEK hängt auch die Effektivität von Ethikbeauftragten wesentlich davon ab, ob sie ihre Tätigkeit im Rahmen einer Freistellung oder hauptamtlich ausüben. Sind ein KEK oder Ethikbeauftragte aber sinnvoll aufgestellt, gut in die Strukturen des Hauses eingebunden sowie mit ausreichend Ressourcen ausgestattet, können sie die bearbeiteten Themen in das Haus hineintragen und so zu wirkmächtigen Akteuren werden (Wehkamp u. Wehkamp 2017).

Die vier Aufgabenfelder – Fallberatung, Fortbildung, Leitlinienentwicklung und organisationale Durchdringung (s. Abb. 6) – dienen dem wesentlichen Anliegen klinischer Ethik: die Möglichkeiten zum Austausch über Moral im Klinischen Alltag zu fördern. Je nach Auftrag und Voraussetzungen in einem Krankenhaus müssen dabei nicht alle Aufgabenfelder gleichermaßen intensiv bearbeitet werden. In den meisten Fällen können nicht alle denkbaren und wünschenswerten Ideen umgesetzt werden. An vielen Häusern konzentriert sich das Angebot der Klinischen Ethik auf die Bereitstellung einer qualifizierten Ethik-Fallberatung. Erst danach folgt die Organisation von Schulungen oder die Entwicklung von Ethik-Leitlinien mit nachrangiger Priorität. Gleichgültig wie die Arbeitsschwerpunkte im Einzelnen gestaltet werden, es ist wichtig, dass sie zu den vereinbarten Zielen ebenso passen wie zu den zur Verfügung stehenden Rahmenbedingungen und Ressourcen.

Der Begriff Ethik-Intervention bezeichnet eine Maßnahme, die gezielt in Hinblick auf die Ziele und Aufgaben der Klinischen Ethik innerhalb des jeweiligen Krankenhauses beziehungsweise der anfragenden Abteilung konzipiert, durchgeführt und evaluiert wird (Lobnig u. Ernst 2013, S. 166). Dabei kann es sich um eine Ethik-Fallberatung, einen Beitrag in der Mitarbeiterzeitung, einen Workshop, eine Verfahrensanweisung, die Organisation eines Ethik-Cafés oder um die Etablierung lokaler Ansprechpartner handeln. Die Fachliteratur bietet eine Vielzahl von Beispielen für Ethik-Interventionen. Die meisten orientieren sich an der traditionellen Aufgabentrias. Jedoch kann eine einzelne Ethik-Intervention mehrere Teile haben: Eine Ethik-Fallberatung hat beispielsweise immer auch einen Schulungsanteil. Die Teilnehmenden lernen über die Beratung im konkreten Konfliktfall hinaus, moralische Normen anzuwenden und konträre Positionen auszuhandeln (Rasoal et al. 2017). Es ist sinnvoll, mit dieser Vielfalt der Wirkungen bewusst umzugehen.

> Eine **Ethik-Intervention** ist eine Maßnahme, die gezielt in Hinblick auf die Ziele und Aufgaben der Klinischen Ethik innerhalb des jeweiligen Krankenhauses beziehungsweise der anfragenden Abteilung auf der Grundlage eines Auftrages konzipiert, durchgeführt und evaluiert wird.

Wichtig ist, dass bei der Konzeption einer Ethik-Intervention im ersten Schritt sorgfältig in Erfahrung gebracht wird, was die Beteiligten davon erwarten. Am Anfang steht also die Auftragsklärung. Darauf aufbauend sollten im zweiten Schritt weitere Informationen eingeholt und dadurch der Kontext der Anfrage geklärt werden. So kann man Hypothesen aufstellen, welche Dilemmata hinter der Anfrage stehen, wie sie organisational eingebunden sind und wie sie konstruktiv bearbeitet werden können. Diese Hypothesen bilden dann die Grundlage, von der aus eine Ethik-Intervention entwickelt und durchgeführt wird. Abschließend sollte nach Möglichkeit die Wirkung der Maßnahme erfasst werden. Das bildet den Ausgangspunkt für mögliche Folgeinterventionen und der Kreislauf beginnt von vorn (s. Abb. 7). Es handelt sich bei dieser Grundstruktur ursprünglich um ein Modell für die Gestaltung von Prozessen aus der systemischen Organisationsberatung, die sogenannte systemische Schleife (Königswieser u. Hillebrand 2015, S. 46). Dieses lässt sich gewinnbringend auf die Klinische Ethik übertragen.

Dieses Vorgehen soll dazu ermuntern, eine Ethik-Intervention auf das eigene Vorhaben und die konkrete Zielgruppe abgestimmt zu entwickeln: zum Beispiel eine retrospektive Ethik-Fallberatung mit dem Ziel, zu entlasten und den Austausch über Ethikthemen in einem Stationsteam zu trainieren (s. Fallbeispiel 3). Der Begriff Ethik-Intervention soll zu Kreativität anregen. Dabei müssen nicht zwingend alle Inhalte der einschlägigen Empfehlungen (BÄK 2006; AEM 2010; Neitzke et al. 2015; Neitzke et al. 2013) oder die Erfahrungswerte aus den Best-Practice-Modellen anderer Einrichtungen übernommen werden. Viel wichtiger ist es, dass jede einzelne Ethik-Intervention zum Auftrag, den grundlegenden Zielen der Klinischen Ethik in der ent-

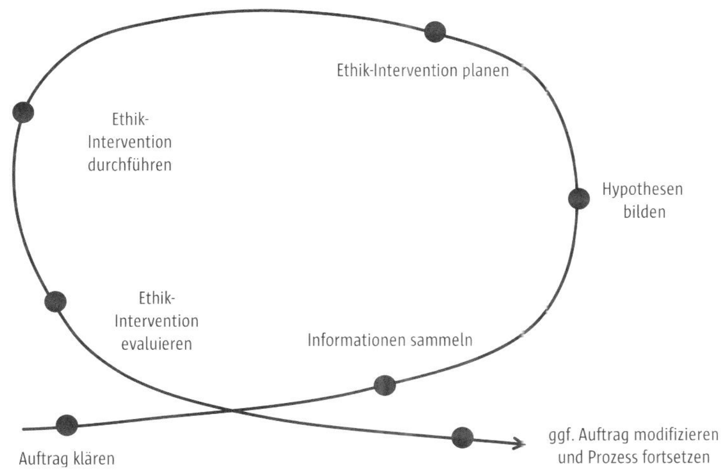

Abb. 7 Anwendung der systemischen Schleife auf die Klinische Ethik

sprechenden Einrichtung, dem speziellen Rahmen im anfragenden Bereich sowie zu den verfügbaren Ressourcen passt (Wehkamp u. Wehkamp 2017). Die systemische Schleife bietet einen roten Faden für ein zielgerichtetes und planvolles Vorgehen.

Literaturtipp

Königswieser R, Hillebrand M (2015) Einführung in die systemische Organisationsberatung. Carl-Auer-Systeme Heidelberg

3.4 Auftragsklärung

Klinische Ethik kann nur gelingen, wenn sie über einen klar formulierten Auftrag verfügt (Simon 2020). Formaler Auftraggeber für die Klinische Ethik ist die Leitung des Krankenhauses. Ohne deren ausdrückliche Zustimmung lassen sich Ethikstrukturen nicht sinnvoll entwickeln. Es ist also unabdingbar, dass sich die Beteiligten über die Aufgaben und Ziele Klinischer Ethik im Kontext der Gesamtorganisation verständigen. Besteht das grundlegende Ziel der Ethik-Arbeit in der Förderung von Ethikreflexion in der Regelkommunikation, dann geht die Auftragsklärung aber über das hinaus, was auf Leitungsebene vereinbart wurde. Ethik-Projekte müssen entlang der

Bedarfe der Mitarbeitenden gestaltet werden. Ohne die Akzeptanz der Beteiligten sind sie zum Scheitern verurteilt. Klinische Ethik kann nur gelingen mit einer Verbindung aus Top-down- und Bottom-up-Ansätzen (BÄK 2006). Auch wenn das Arbeitsziel enger gefasst ist und beispielsweise in der Durchführung einer Ethik-Fallberatung oder der Konzeption einer Schulungseinheit besteht, ist eine sorgfältige initiale Absprache notwendig.

Was aber bedeutet Auftragsklärung? Dabei handelt es sich um einen Verständigungsprozess, der das Ziel hat, eine klare Basis für die geplante Arbeit zu entwickeln. Die Absprachen sollten vier Bereiche umfassen (Schwing u. Fryszer 2012, S. 107–112):

1. die inhaltlichen Ziele,
2. die Verteilung von Aufgaben und Verantwortlichkeiten,
3. das konkrete Setting und
4. das Informationsmanagement.

Fallbeispiel 4

Die Pflegeleitung einer internistischen Station wendet sich an das KEK mit dem Wunsch, im Behandlungsteam den Austausch über ethische Aspekte in der Versorgung einzelner Patienten zu verbessern. Dazu möchte sie einen Vortrag zur Klinischen Ethik in einer regulären Fortbildungsreihe unterbringen und hat dafür auch die Zustimmung des leitendenden Oberarztes. Der Vorsitzende des KEK führt daraufhin ein vertiefendes Vorgespräch, in das auch der Oberarzt eingebunden wird. Dabei wird deutlich, dass sich mit der Anfrage verschiedene Problemfelder verbinden: Der Oberarzt ist erst seit kurzem für diese Station zuständig. Anders als sein Vorgänger befürwortet er in vielen Fällen auch angesichts eines sehr schwierigen Therapieverlaufs die Fortsetzung des kurativen Vorgehens. Viele Mitglieder des Behandlungsteams sehen das kritisch. Dazu kommt, dass der Personalschlüssel durch Rotation und einen hohen Krankenstand in beiden Berufsgruppen zurzeit ungünstig ist. In jüngster Vergangenheit betreute die Station zudem noch drei Patienten, bei denen die Versorgung aus unterschiedlichen Gründen komplexe moralische Dilemmata beinhaltete. Diese Gemengelage sorgt nachhaltig für eine ungute Stimmung und Konflikte. Der Vorsitzende des KEK entwickelt daraufhin verschiedene Hypothesen, die er im Vorgespräch weiter abklärt und zu einer Arbeitshypothese verdichtet. Der Wunsch nach einer Nachbearbeitung in Form einer Fortbildung ist für den Vorsitzenden des KEK nachvollzielbar. Er vermutet aber, dass ein Vortrag wenig bewirken wird, weil die Ursachen in dieser Situation komplexer sind. Gleichzeitig hat das Team nur wenig Zeit. Er schlägt daher ein zweistufiges Vorgehen vor: Erstens eine retrospektive Ethik-Fallberatung zu einem der drei Fälle, an dem beide Leitungen teilnehmen. Dadurch sollen die Beteiligten entlastet und ein gezielter Austausch über die ethische Dimension des Erlebten ermöglicht werden. Dem soll zweitens eine zweistündige Schulungseinheit folgen, die eine Sprachfähigkeit über Ethikthemen trainiert und über Unterstützungsangebote wie die Ethik-Fallberatung informiert. Im Anschluss soll die Wirkung dieser beiden Interventionen im Rahmen der regulären Mitarbeiterbesprechungen offen diskutiert werden. Darauf aufbauend wird der Vorsitzende des KEK mit der Pflegeleitung und dem Oberarzt den Prozess besprechen und gegebenenfalls weitere Schritte anbieten.

Bei der Absprache über die inhaltlichen Ziele der geplanten Arbeit geht es im Wesentlichen darum, aus vagen Vorstellungen klar formulierte und bearbeitbare Inhalte zu entwickeln. Im Fallbeispiel 4 wandte sich die Pflegerische Stationsleitung initial mit einem allgemein formulierten Wunsch an das KEK. Dieser lautete, sich im Behandlungsteam besser auszutauschen über ethische Aspekte in der Versorgung einzelner Patienten. Nicht nur eine vage moralische Intuition kann Ausgangspunkt für eine detaillierte Ethikreflexion sein. Auch eine noch unspezifisch formulierte Erwartungshaltung ist unter Umständen ein guter Einstieg in eine erfolgreiche Ethik-Intervention. Die Mitwirkenden in der Klinischen Ethik haben in diesem ersten Schritt die Aufgabe, den Auftraggeber bei der Konkretisierung seines Anliegens zu unterstützen und daraus bearbeitbare Ziele zu abzuleiten, die auf die Gesamtbedingungen der Einrichtung abgestimmt und mit den zur Verfügung stehenden Mitteln Klinischer Ethik zu erreichen sind. Dazu gehört auch, realistische von unrealistischen Zielen zu unterscheiden und sich von Zielen zu verabschieden, die zwar wünschenswert, aber momentan nicht erreichbar sind (von Schlippe u. Schweizer 2010, S. 19).

Der zweite Abspracheaspekt betrifft die Verteilung von Aufgaben und Verantwortlichkeiten. Hier geht es um praktische Fragen. Im Fallbeispiel 4 wäre das: Wer übernimmt die Konzeption und Durchführung der Schulungsveranstaltung? Wer lädt die Mitarbeitenden ein? Wer reserviert den Raum? Wer organisiert gegebenenfalls notwendige Vertretungslösungen et cetera? Der Erfolg einer Ethik-Intervention hängt von dem verantwortlichen Zusammenwirken vieler ab. Klinische Ethik hat auch die Aufgabe, das gezielt anzuleiten (Grossmann u. Lobnig 2013, S. 81).

Drittens umfasst eine Auftragsklärung das Setting, also die konkrete Gestaltung der geplanten Ethik-Intervention. Im Krankenhaus ist vor allem Zeit eine knappe Ressource. Das muss bei der Planung einer Maßnahme unbedingt beachtet werden, auch wenn Ethikreflexion ein Mindestmaß an Zeit erfordert. Gleichzeitig müssen Setting und Inhalte zusammenpassen. Stehen beispielsweise nur 10 Minuten für eine Fortbildungseinheit zur Verfügung, die dazu noch an die prall gefüllte Tagesordnung einer morgendlichen Dienstbesprechung anschließt, lassen sich bestenfalls sehr fokussierte Inhalte vermitteln. Ist ein umfangreicheres Schulungspaket gewünscht, muss im Rahmen der Auftragsklärung dieser Widerspruch unbedingt benannt werden.

Ein **Auftrag** ist eine transparente und verbindliche Absprache über die geplante Arbeit. Im Zuge der Auftragsklärung verständigen sich Auftraggeber und beteiligte Interessengruppen unter Anleitung der Klinischen Ethiker über ihre Erwartungen und die inhaltlichen Ziele der Arbeit. Sie verteilen konkrete Aufgaben und Verantwortlichkeiten und verabreden, wie sie vorgehen und sich auf dem Laufenden halten wollen.

Zum vierten Bereich, dem Wissensmanagement, gehört die Frage, ob und wenn ja in welcher Form und an wen über die Inhalte beziehungsweise die Ergebnisse der Ethik-Intervention berichtet wird. Bei einer retrospektiven Ethik-Fallberatung, so wie sie in Fallbeispiel 4 geplant ist, könnte das Berichtswesen im Rahmen eines Ergebnisprotokolls erfolgen, das im Anschluss an alle Teammitglieder geschickt wird. Oder es wird vereinbart, auf eine Dokumentation bewusst zu verzichten, um die Inhalte dieser Intervention komplett im geschützten Rahmen der Anwesenden zu belassen. Im Falle einer Ethik-Fortbildung könnten die Schulungsunterlagen allen zur Verfügung gestellt werden. Unabhängig von der konkreten Lösung geht es hier um Transparenz. Dafür muss die Informationsweitergabe bewusst geregelt und Verantwortlichkeiten klar benannt werden (Schwing u. Fryszer 2012, S. 110).

Auftragsklärung gelingt leichter, wenn man im Kopf behält, dass es unterschiedliche Kategorien von Aufträgen gibt und dass sich in einer Anfrage mitunter mehrere von ihnen verbergen (s. Tab. 1). Wichtig ist in diesem Zusammenhang auch, dass Mitwirkende in der Klinischen Ethik die eigenen Möglichkeiten und Kompetenzen kritisch prüfen und nur solche Aufträge annehmen, die sie inhaltlich bedienen können. Im Fallbeispiel 4 wurden nach dem Auftragsklärungsprozess das eingangs sehr allgemein formulierte Ziel auf die Teilaspekte Entlastung, Sprachfähigkeit und Information über weitere Unterstützungsangebote eingegrenzt. Die strukturellen Probleme wurden nach Auftragsklärung aus der vereinbarten Intervention ausgeklammert. Die Auftragsklärung hat damit Grenzen des Machbaren ausgelotet.

Tab. 1 Unterschiedliche Aufträge und ihre Bedeutung für die Klinische Ethik (nach Schwing u. Fryszer 2012, S. 112–117)

Auftragstyp	Beispiel(e)	Aufgabe der Klinischen Ethik
1. Offener Auftrag Das Anliegen wird klar, nachvollziehbar und konkret benannt.	Bitte um eine prospektive Ethik-Fallberatung. Ziel: Klärung der unterschiedlichen Wahrnehmung und ethisch fundierte Entscheidung.	Unverständliches ansprechen, gegebenenfalls Konkretisierung unterstützen.
2. Ambivalenter Auftrag Das Anliegen ist zwar offen und klar formuliert, aber die Auftraggeber wollen oder können bestimmte Schritte zur Erreichung des Ziels nicht gehen.	Die Klinikleitung beschließt die Einrichtung eines KEK mit dem Ziel, den Austausch über ethische Fragestellungen zu verbessern. Dessen Mitglieder sollen dies zusätzlich zu den üblichen Arbeitsinhalten erfüllen. Schulungen können nicht bewilligt werden.	Ambivalenz ernst nehmen und ihr wertschätzend begegnen. Ansprache der daraus resultierenden Begrenzung des Handlungsrahmens.
3. Verdeckter Auftrag Der Auftrag umfasst unausgesprochene Erwartungen. Diese werden im Verlauf der Intervention spürbar und sind mitunter sehr wirkmächtig. Unausgesprochen sind sie nicht bearbeitbar.	Die Ethik-Fallberatung wird angerufen mit der Bitte um Moderation bei einer ethisch komplexen Behandlungsfrage. Im Erstgespräch entsteht der Eindruck, dass der Fallgeber eine bereits getroffene und nicht von allen geteilte Entscheidung „ethisch sanktioniert" haben möchte.	Wenn möglich, Wahrnehmung ansprechen – als Möglichkeit und nicht als Urteil. Klärung anstreben. Auftrag gegebenenfalls nicht annehmen beziehungsweise im Verlauf die Grenzen des Bearbeitbaren benennen.
4. Unterschiedliche/sich widersprechende Aufträge Mehrere Personen formulieren offene Aufträge, die aber nicht gleichzeitig erfüllbar oder gegenläufig sind.	Eine Station will Ethik-Fallberatungen implementieren. Der pflegerische Stationsleiter möchte die Kommunikation zwischen den Berufsgruppen verbessern. Die leitende Oberärztin erhofft sich schnelle Entscheidungsprozesse im ärztlichen Team zu erreichen.	Wenn möglich, Wahrnehmung ansprechen – als Möglichkeit und nicht als Urteil. Klärung anstreben. Auftrag gegebenenfalls nicht annehmen beziehungsweise im Verlauf die Grenzen des Bearbeitbaren benennen.

Hinter einem Auftrag an die Klinische Ethik steht in aller Regel mehr als nur ein Auftraggeber! Diese formulieren unterschiedliche Arten von Aufträgen: offene, ambivalente, verdeckte, sich widersprechende und unerfüllbare Anliegen. Zu einer sorgfältigen Auftragsklärung gehört der Blick für diese Komplexität und systemische Eingebundenheit.

Krankenhäuser sind komplexe Arbeitsfelder mit einem filigranen Ineinandergreifen unterschiedlicher Prozesse und dem Zusammenwirken verschiedener Berufsgruppen. Daraus ergeben sich vielschichtige Erwartungshaltungen. Zu den Auftraggebern kommen sogenannte interessierte Parteien (Stakeholder). Dabei handelt es sich um Personen oder Personengruppen, die an der geplanten Ethik-Intervention zwar nicht teilnehmen werden, wohl aber ein bestimmtes Interesse an deren Effekten und an einem funktionstüchtigen Behandlungsteam haben. Dazu gehören beispielsweise Patientinnen und Patienten sowie ihre Angehörigen oder aber die Klinikleitung und mitbehandelnde Disziplinen. Klinische Ethik erfolgt in einem komplexen System von Auftraggebern, Stakeholdern, Interessen und Erwartungen. Im Rahmen der Auftragsklärung ist es sinnvoll, dieses Geflecht offenzulegen. Hinter einer Anfrage an die Klinische Ethik stehen in aller Regel mehrere Personen und Anliegen, die ihrerseits durch interessierte Parteien beeinflusst sind. Wer sich in der Klinischen Ethik engagiert, hat zudem ein Eigeninteresse und gerät damit leicht zum „heimlichen Auftraggeber". Eine sorgfältig geplante Ethik-Intervention auf der Grundlage einer intensiven Auftragsklärung trägt ganz maßgeblich zum Erfolg von Ethik-Arbeit bei.

Hilfreich bei der Auftragsklärung sind folgende Merksätze
(von Schlippe u. Schweitzer 2012, S. 247):
- *Sei dir der Vielschichtigkeit von Aufträgen bewusst!*
- *Berücksichtige alle Auftraggeber und nicht nur diejenigen, die offen in Erscheinung treten!*
- *Akzeptiere Aufträge nicht vorschnell!*
- *Nimm nicht jeden Auftrag an!*

Erfahrungsgemäß ist es verführerisch für Klinische Ethiker, jeden Auftrag anzunehmen und die Arbeit daran auch fortzusetzen, wenn sich dabei komplexe Schwierigkeiten einstellen. In vielen Häusern ist es schwer, die Ethikarbeit ins Laufen zu bringen. Jede Anfrage ist daher willkommen. Aber: Ein gescheiterter Prozess führt nicht nur zu viel Frust bei allen Beteiligten, sondern schadet auch dem Ethikprojekt als Ganzes. Klinische Ethik muss sich fortlaufend an ihrer Effektivität messen lassen und zeigen, dass die eingesetzte Zeit, Kraft und Aufmerksamkeit hier gut investiert ist. Der Blick auf die komplexen Zusammenhänge von Aufträgen, klare Vereinbarungen zu Beginn und einer Nachjustierung im Bearbeitungsverlauf sind wichtige Voraussetzungen für den Erfolg Klinischer Ethik (Krizanits 2013, S. 70).

3.5 Ethik-Fallberatung

Unter die Bezeichnung Ethik-Fallberatung fällt eine ganze Reihe von Beratungsangeboten (Rasoal et al. 2017; May 2013). Die verbindende Klammer besteht in der Auseinandersetzung mit ethischen Fragestellungen, die sich im Verlauf der Behandlung eines bestimmten Patienten ergeben. Es geht also um die fallbezogene Diskussion ethisch relevanter Gesichtspunkte.

> In einer **Ethik-Fallberatung** geht es um eine strukturierte Auseinandersetzung mit ethischen Fragestellungen, die sich im Zusammenhang mit der Versorgung eines bestimmen Patienten ergeben.

Es gibt verschiedene Vorschläge, um eine Ordnung in den Dschungel der verschiedenen Modelle zu bringen: Ein wichtiges Unterscheidungsmerkmal besteht in der Rolle, die dem Ethiker dabei zukommt. Hinter den Bezeichnungen Top-down-Ansatz, Expertenmodell oder „hartes“ Modell steht die Auffassung, dass diesem die Funktion eines Experten für die zur Diskussion stehende ethische Fragestellung zukommt ähnlich einem ärztlichen Konsiliarius. Als solche beantwortet er die ethische Frage mit einem Votum. Der Bottom-up-Ansatz, auch Prozessmodell oder „sanftes“ Model genannt, sieht im Ethiker dagegen vorrangig einen Vermittler. Hier geht es im Kern darum, die ethische Expertise aller Teilnehmenden in einen strukturierten Austausch zu bringen und darüber zu einem ethischen Urteil zu gelangen. Der Ethiker steuert diesen Prozess gezielt als Moderator, beispielsweise durch Fragetechniken und mit Hinweisen auf relevante moralische Normen (Neitzke 2008a; Rasoal et al. 2017; Gasparetto et al. 2018). Einschlägige Stellungnahmen empfehlen ein Vorgehen nach dem Prozessmodell (BÄK 2006).

Ein anderes Ordnungsmodell begreift ein ethisch problematisches Ereignis zeitlich. Diese Logik unterscheidet zwischen prospektiven, retrospektiven und präventiven Konzepten (Simon 2020). Bei den prospektiven Formaten werden moralische Dilemmata besprochen, die sich im Verlauf der Behandlung eines bestimmten Patienten ergeben. Hier suchen die Beteiligten eine Antwort auf eine offene Fragestellung, um darauf aufbauend das weitere Behandlungsgeschehen zu gestalten. Die retrospektiven Beratungen beschäftigen sich mit bereits zurückliegenden Behandlungsverläufen, die aber eine moralische Problematik beinhalteten, die im Behandlungsteam nachhaltig für Unruhe sorgt und daher nachbesprochen werden soll. Präventive Beratungsansätze dagegen zielen darauf ab, ethisch komplexe Situationen möglichst frühzeitig zu entdecken und zu klären, um zu verhindern, dass sich daraus Konflikte entwickeln.

Auch wenn einer Ethik-Fallberatung eine Fragestellung zugrunde liegt, die sich auf Versorgung eines konkreten Patienten oder einer Patientin bezieht, können auch Themen oder Problematiken angesprochen werden, die wiederholt auftreten. Das sollte aber ergänzend eingebracht werden, nachdem die Auseinandersetzung mit dem eingebrachten Fall abgeschlossen ist. Eine solche Nachbetrachtung beabsichtigt, aus dem besprochenen Fall zu lernen und herauszuarbeiten, wie er auf vergleichbare Situationen übertragen werden kann (Marckmann 2015). Der Fallbezug drückt sich in den unterschiedlichen Bezeichnungen für dieses Angebot aus. Im deutschsprachigen Kontext ist die Rede von Ethik-Fallberatungen und Ethik-Fallbesprechungen, mitunter auch von Ethik-Fallmoderationen. Insbesondere die beiden erstgenannten Termini werden in der deutschsprachigen Fachliteratur weitestgehend synonym verwenden (AEM 2010; AEM 2019). Für die Implementierung eines solchen Beratungsangebotes im eigenen Haus sollte vor allem eine Bezeichnung gewählt werden, die inhaltlich zutrifft und zugleich zu den örtlichen Gepflogenheiten passt. Das ist eine wichtige Voraussetzung, damit das Angebot Akzeptanz findet (Neitzke 2008a).

Ein weiterer Aspekt der Implementierung fragt, in welcher Form Patientinnen und Patienten sowie ihre Angehörigen in eine Ethik-Fallberatung einzubeziehen sind. Eine solche Beratung zielt im Kern immer darauf ab, die Behandlung im Sinne des Patienten bestmöglich zu gestalten. Es scheint daher naheliegend, Betroffene immer in eine Ethik-Fallberatung einzubinden und dabei auf einen Dialog auf Augenhöhe zu achten (Agich 2011; Schuchter et al. 2018). Es sind jedoch Situationen denkbar, in denen es sinnvoller erscheint, den Austausch auf ein multidisziplinäres Behandlungsteam zu begrenzen. Beispielsweise dann, wenn gegensätzliche moralische Positionen die Prozesse im Team behindern, damit eine gelingende Patientenorientierung gefährden und die Ethik-Fallberatung im „wohlverstandenen Interesse" des Patienten durchgeführt wird (BÄK 2006).

Die Rolle von Emotionen in der Ethikanalyse ist in der Fachdebatte umstritten (Weidemann-Zaft u. Schochow 2012; Schuster 2011; Bruns 2012a). Während die meisten Beratungsmodelle insbesondere im deutschsprachigen Raum emotionale Anteile in der Ethikanalyse nicht berücksichtigen, geht das niederländische Modell mit der Bezeichnung „Moral Case Deliberation" einen anderen Weg. Hier rückt die Reflexion der emotionalen Wahrnehmung ethischer Aspekte ins Zentrum der Analyse (Molewijk et al. 2011a; Molewijk et al. 2011b).

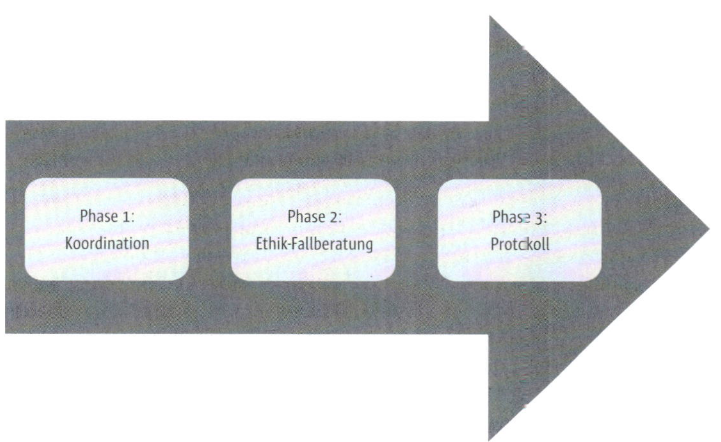

Abb. 8 Phasen im Verlauf einer Ethik-Fallberatung

Eine Ethik-Fallberatung beschränkt sich nicht auf das eigentliche Beratungsgeschehen (s. Abb. 8). Vielmehr geht ihr immer eine Koordinierungsphase („Phase 1") voraus und es folgt eine Phase der Nachbereitung, die im Wesentlichen die Ausfertigung eines Protokolls vorsieht und damit die Sicherung und Kommunikation der Ergebnisse („Phase 3")[2]. Ebenso wie die Durchführung einer Ethik-Fallberatung („Phase 2") erfordern auch die Koordination und die Nachbereitung ein planvolles Vorgehen (Neitzke 2008a).

Es existieren keine Rechtsnormen oder andere Vorgaben, die die Durchführung einer Ethik-Fallberatung in bestimmten Situationen zwingend vorschreiben. Eine solche kann unterstützen, wenn die an der Versorgung eines Patienten Beteiligten unterschiedlicher Auffassung darüber sind, welches Vorgehen moralisch wünschenswert wäre und darüber in Konflikt geraten (Dieringer 2019). Es gibt zudem Konstellationen, für die eine Ethik-Fallberatung als Mittel der Wahl vorgeschlagen wird, zum Beispiel Behandlungssituationen, die eine erhebliche ethische Komplexität aufweisen (BÄK 2011; BÄK 2018; Deutscher Ethikrat 2016; Janssens et al. 2013).

Heute gilt Ethik-Fallberatung als fester Bestandteil der Patientenversorgung (Deutscher Ethikrat 2016). Das bedeutet aber nicht, dass sie in allen Bereichen des Klinischen Alltages als reguläres Unterstützungsangebot angekommen wäre. Dafür ist meist ein langjähriger Aufbauprozess notwendig. Das

2 Die Bezeichnungen Phase 1 bis 3 gehen auf Dr. Arnd May zurück, der diese in gemeinsam mit der Autorin durchgeführten Fortbildungen entwickelte.

liegt auch daran, dass Ethik-Fallberatungen kein Bestandteil der Regelkommunikation sind. Sie werden vielmehr gezielt einberufenen und strukturiert angeleitet. Es handelt sich dabei also gewissermaßen um „Sonderkommunikationsformate" (Dauwerse et al. 2013). Das bedeutet im Umkehrschluss, dass vor einer Ethik-Fallberatung jemand auf die Idee gekommen sein muss, dass dieses Format in der aktuellen Situation weiterhilft. Es muss also ein Anlass dafür gesehen werden (May 2013). Im Versorgungsalltag gelingt das teilweise nicht oder erst sehr spät. Die Wahrnehmung dafür kann aber gezielt geschärft werden (Lehmeyer u. Riedel 2016). Es gibt aber auch andere Herangehensweisen: So haben einzelne Einrichtungen bestimmte Situationen definiert, in denen regelhaft eine Ethik-Fallberatung durchgeführt wird, beispielsweise dann, wenn eine Beatmung eine bestimmte Dauer überschreitet (Dowdy et al. 1998; Heinemann 2010b; Andereck et al. 2014).

Viele sehen die Ethik-Fallberatung als Kernaufgabe Klinischen Ethik. Viele Krankenhäuser nahmen diesen Arbeitsbereich bei der Einrichtung von Ethikstrukturen als erstes in Angriff. Das führt dazu, dass vielerorts Mitglieder des KEK die Ethik-Fallberatung durchführen. Das ist aber nicht zwingend notwendig. Zu den originären Aufgaben eines KEK gehört, ein entsprechendes Angebot aufzubauen, in den Strukturen des Hauses zu verankern und qualitätssichernd zu begleiten. Die konkrete Durchführung der Fallberatung kann dagegen delegiert werden (Rasoal et al. 2017; Steinkamp u. Gordijn 2010).

Vollkommen unstrittig ist dagegen, dass Ethik-Fallberatungen auf der Grundlage einer soliden Qualifikation durchgeführt werden müssen. Die Akademie für Ethik in der Medizin (AEM) hat dafür ein entsprechendes Curriculum mit Zertifizierungsregeln entwickelt (AEM 2019). Diese sehen drei Qualifikationsstufen vor. Die erste Stufe bereitet darauf vor, eigenständig Ethik-Fallberatungen durchzuführen („Ethikberater*in im Gesundheitswesen", K1/AEM). Diese Qualifikationsstufe erfordert eine mehrtägige Schulung, die einen Grundlagenteil von mindestens 30 Unterrichtseinheiten (á 45 Minuten) und ein Moderationstraining von mindestens 15 Unterrichtseinheiten umfasst. Daran schließt eine begleitete Praxisphase an, die zur endgültigen Anerkennung nach K1 führt. Hierzu müssen drei Fallberatungen nachgewiesen werden, die jeweils mit einem erfahrenen Klinischen Ethiker (mindestens K2) nachbesprochen werden.

Qualifizierungsstufen der Akademie für Ethik in der Medizin *(www.aem-online.de)*

- *K1: Ethikberater*in im Gesundheitswesen*
- *K2: Koordinator*in für Ethik im Gesundheitswesen*
- *K3: Trainer*in für Ethik im Gesundheitswesen*

Die Klinische Ethik wird stetig weiterentwickelt. So haben sich die Anforderungen an die Kompetenzstufen kürzlich verändert. Die beschriebenen Voraussetzungen für die Kompetenzstufe K1 spiegeln den aktuellen Stand wider, der erst im Juni 2019 durch den Vorstand der AEM verabschiedet wurde. Bis Ende 2020 galt eine Übergangsregelung, die eine Zertifizierung nach den davor geltenden Anforderungen erlaubt. Die wesentliche Neuerung besteht in der Einführung der begleiteten Praxisphase. Damit reagiert die AEM auf die Beobachtung, dass innerhalb der geforderten Mindestzeit insbesondere Beratungskompetenzen nicht vollumfänglich vermittelt werden können und dass dafür eine supervidierte Praxisphase zielführender ist.

3.5.1 Prospektive Ethik-Fallberatung

Bei den prospektiven Modellen wird ein moralisches Dilemma besprochen, das sich im Verlauf einer Behandlung ergibt. Ziel ist es, die Beteiligten einer ethisch komplexen oder konflikthaften Situation ins Gespräch zu bringen, damit sie die Situation besser beurteilen und abgewogen entscheiden können. Eine solche Beratung ist sinnvoll, wenn im Laufe der Patientenversorgung moralische Werte oder Überzeugungen berührt werden und sich die Beteiligten auf regulärem Weg nicht einigen können, welches indizierte Vorgehen im konkreten Fall ethisch angezeigt ist. Sie erwarten sich von Beratungsformaten in aller Regel, dass sie ein konkretes Ergebnis erzielen und damit ein Problem beziehungsweise einen Konflikt lösen. Prospektive Ethik-Fallberatung hat also eine Auswirkung auf den weiteren Behandlungsverlauf.

Das Ziel prospektiver Ethik-Fallberatung ist eine gemeinsam erarbeitete, ethische begründete Entscheidung oder Beurteilung einer konkreten Situation auf der Basis des Patientenwillens. Der dafür notwendige Verständigungsprozess wird durch Moderation und Prozesssteuerung unterstützt. Ärztliche Letztverantwortung bleibt davon unberührt.

Oftmals führt eine prospektive Ethik-Fallberatung zu konkreten Therapieentscheidungen. Das ändert aber nichts an den regulären Zuständigkeiten: Die juristische Verantwortung der handelnden Ärzte, Pflegenden und Therapeuten bleibt von einer prospektiven Ethik-Fallberatung unberührt. Sie ist keine „Schiedsstelle“ für komplizierte ethische Sachverhalte (Bauer u. Dewies 2018). Aber, und das ist das Entscheidende, die Beratung ergründet die Komplexität eines moralischen Dilemmas und vermittelt zwischen den verschiedenen Wahrnehmungen der Beteiligten. Mit anderen Worten:

Ethik-Fallberater sprechen keine Urteile über das „moralisch Richtige", sondern unterstützen bei der Suche nach dem moralisch richtigen Weg.

> *„Bei einer guten Ethikberatung steht nicht ein Mehrheitsbeschluss in Form eines Votums, sondern eine Verbesserung des Erkennens und der Analyse ethischer Probleme sowie des ethischen Entscheidungsfindungsprozesses im Mittelpunkt. Hierzu können Ethikberater durch gute Moderation, ethische Expertise und Außensicht einen wichtigen Beitrag leisten."* (BÄK 2006)

Der Schwerpunkt dieses Vorgehens liegt auf der spezifischen Moderation und Steuerung des Beratungsprozesses. Die Antwort auf die eingangs formulierte Fragestellung entwickelt sich aus dem Beratungsprozess heraus. Die Ethikfallberater unterstützen diesen Prozess gezielt durch Moderations- und Reflexionstechniken. Es existieren unterschiedliche methodische Vorgehensweisen und Strukturierungshilfen. Im deutschsprachigen Raum weit verbreitet sind beispielsweise das Nimwegener Modell und der Bochumer Arbeitsbogen (May 2013; Vollmann 2008). Manche Krankenhäuser haben auf der Grundlage beschriebener Modelle ein eigenes Vorgehen entwickelt (Koberth et al. 2008). Ein pragmatischer Zugang ist die Prinzipienorientierte Falldiskussion (Marckmann 2015).

Grundsätzlich bauen die verschiedenen Modelle auf vergleichbare Aspekte auf. Sie folgen einem vergleichbaren „roten Faden": Ausgehend von einer konkreten Fragestellung beziehungsweise dem Anliegen erarbeitet die Ethik-Fallberatung zunächst systematisch die Sachlage. Im nächsten Schritt werden die ethischen Dimensionen der geschilderten Situation vermessen. Das geschieht in aller Regel unter Rückbezug auf die von Beauchamp und Childress formulierten Prinzipen (s. Kap. 2.2 *Ethik: Was ist das?*). Im Anschluss werden die denkbaren Handlungsalternativen mit besonderem Augenmerkt auf ihre ethische Bewertung diskutiert. Am Ende steht eine Beschlussfassung, die auch eine ethische Begründung beinhaltet (Inguaggiato et al. 2019). Eine Ethik-Fallberatung zielt primär auf einen Konsens ab, auch wenn er nicht immer erreichbar ist. Misslingt eine Einigung, geht der Dissens-Charakter ebenfalls in die Formulierung des Ergebnisses ein (May 2013).

Im Detail weichen die unterschiedlichen Modelle allerdings voneinander ab. Das betrifft die genaue Abfolge einzelner Analyseschritte ebenso wie die Steuerung durch den Beratungsprozess. Das Nimwegener Modell etwa führt mit einer Vielzahl von Detailfragen kleinschrittig durch den Beratungsverlauf. Die Prinzipienorientierte Falldiskussion dagegen ist ein Beispiel für einen weiter gefassten Orientierungsrahmen. Beide Varianten sind hilfreich. Entscheidend ist, dass die gewählte Methode zum Anliegen und zum Fallberater passt. Im Verlauf einer solchen Beratung zeigen sich meist sehr komplexe Zusammenhänge. Die Orientierung an einem Modell erleichtert eine strukturierte Diskussionsführung. Andererseits kann kein Leitfaden alle Besonderheiten eines Einzelfalls aufgreifen. Die Kunst besteht darin, gleichzeitig flexibel auf den Diskussionsverlauf zu reagieren (Agich 2011).

Grundstruktur prospektiver Ethik-Fallberatungen

1. *Begrüßung und Einstieg*
2. *Schilderung der Sachlage/des „Falls“*
3. *Verweis auf die ethische Dimension*
4. *Diskussion der möglichen Handlungsalternativen unter Berücksichtigung ethischer Gesichtspunkte*
5. *Synthese und Ergebnis*
6. *Abschluss*

Üblicherweise führt ein Ethik-Fallberater die Anleitung und Moderation dieses Prozesses durch. Er sollte dabei nicht von der thematisierten Situation betroffen sein. Idealerweise arbeiten der oder die Moderatoren in einem anderen Klinikbereich. Insbesondere in kleineren Häusern, in denen nur wenige Mitarbeitende über eine Schulung in Ethik-Fallberatungen verfügen, lassen sich diese Anforderungen aber nicht immer umsetzen. Hier ist es ratsam, mit den notwendigen Zugeständnissen bewusst umzugehen und das Vorgehen entsprechend anzupassen (Neitzke 2008a).

Bei einer prospektiven Ethik-Fallberatung rückt die Koordinierungsphase in den Vordergrund (May 2013).

Erstens muss geprüft werden, ob die Fragestellung im Rahmen einer Ethik-Fallberatung überhaupt bearbeitbar ist. Das erfordert eine sorgfältige Auftragsklärung. Es sind viele Gründe denkbar, die gegen die Durchführung einer prospektiven Ethik-Fallberatung sprechen. Mitunter verbergen sich hinter Anfragen Unstimmigkeiten darüber, ob eine bestimmte Therapie im konkreten Fall medizinisch indiziert ist. Der zur Klärung dieser Frage notwendige Austausch zwischen den relevanten Fachdisziplinen kann zwar durch Moderation unterstützt werden, eine Ethik-Fallberatung ist hierfür aber nicht unbedingt die geeignete Methode (Weidemann-Zaft u. Schochow 2012). Mitunter sind auch nicht alle Entscheidungsverantwortlichen gleichermaßen von der Sinnhaftigkeit einer Ethik-Fallberatung überzeugt. Wenn aber eine Person, die maßgeblich an der Entscheidungsfindung beteiligt ist, nicht an einer Ethik-Fallberatung teilnimmt, kann das einen zielgerichteten Austausch verhindern und schlimmstenfalls die weitere Behandlung stören (Geppert u. Shelton 2012). Kurzum, vor Durchführung einer prospektiven Ethik-Fallberatung muss immer kritisch geprüft werden, ob sie das geeignete Instrument für das Anliegen ist.

Zweitens sollte im Verlauf der Koordinierungsphase die Zusammensetzung der Beratungsrunde eingehend geplant werden. Die Teilnahme sollte nicht nur Entscheidungsträgern offenstehen, sondern allen beteiligten Berufsgruppen, zumindest durch einzelne Vertreter. Das ist nicht nur für den Beratungsverlauf notwendig, sondern unterstützt die anschließende Kommunikation der Ergebnisse ins Behandlungsteam.

Die im Verlauf der Koordination getroffenen Entscheidungen haben einen wesentlichen Einfluss auf den Verlauf und das Ergebnis einer prospektiven Ethik-Fallberatung.

Eine wichtige Frage ist, ob der Patient über die Ethik-Fallberatung informiert sein sollte und ihr vorab zustimmen muss (BÄK 2006). Obwohl es im Sinne der Achtung der Autonomie und einer konsequenten Patientenorientierung wünschenswert ist, den Patienten oder aber seine rechtlichen Stellvertreter einzubeziehen, gibt es Situationen, die gegen eine Einbindung sprechen. Bestehen beispielsweise im Behandlungsteam Konflikte über die ethische Beurteilung einer Situation, kann das die Kommunikation zwischen Arzt beziehungsweise Pflege auf der einen und Patient und seinen Angehörigen auf der anderen Seite erheblich belasten. In einem solchen Fall hilft es, eine Ethik-Fallberatung durchzuführen, ohne den Patienten davon zu informieren. Ziel der Beratung wäre in diesem Fall weniger die Entscheidungsfindung, sondern eine vorgelagerte Unterstützung des Behandlungsteams. Voraussetzung für ein solches Vorgehen ist, dass es dazu dient, ein Behandlungsteam in einem konsequent patientenorientierten Handeln zu stärken (BÄK 2006).

Am Ende einer Ethik-Fallberatung steht mit der Phase 3 die Sicherung der Ergebnisse. Das kann in sehr unterschiedlicher Form erfolgen. Je nach Zielsetzung, Rahmenbedingungen und vorhandenen Ressourcen können die Ergebnisse in einer Mitschrift auf der Grundlage eines Dokumentationsbogens, einer kurzen Ergebnisnotiz oder einem ausführlichen Ergebnisprotokoll festgehalten werden (Bruce et al. 2014b). Angesichts dieser Vielfalt an Dokumentationskonzepten hat die Arbeitsgruppe Ethikberatung der Akademie für Ethik in der Medizin „Empfehlungen für die Dokumentation Klinischer Ethikberatung“ erarbeitet, die eine allgemeine Orientierung geben (Fahr et al. 2011).

Inhalte der Dokumentation einer Ethik-Fallberatung

- *Datum, Zeit, Ort*
- *Namen und Funktion aller Teilnehmenden*
- *Anliegen und ethische Fragestellung(en)*
- *medizinische, pflegerische und psychosoziale Aspekte*

- *erklärter beziehungsweise mutmaßlicher Wille des Patienten*
- *Ergebnis der Beratung, Konsens/Dissens, ethische Begründung*
- *gegebenenfalls Aufgaben und Verantwortlichkeiten*

Die Dokumentation soll vor allem Transparenz und Verbindlichkeit in Hinblick auf Inhalte und Ergebnisse einer prospektiven Ethik-Fallberatung fördern. Es werden nie alle Personen, die maßgeblich an der Versorgung eines Patienten beteiligt sind, an einer solchen Besprechung teilnehmen können. Häufig ergeben sich hier aber ganz wesentliche Punkte für den weiteren Behandlungsverlauf. Die Dokumentation der Ergebnisse hat daher die Aufgabe, die Beratungsinhalte im Behandlungsteam mit bekanntzumachen. Sie ist somit ein Bestandteil der Qualitätssicherung der Patientenversorgung. Zugleich dient sie den Entscheidungsträgern auch als Absicherung, sofern sie sich im weiteren Behandlungsverlauf auf die Ergebnisse beziehen, die im Rahmen der Ethik-Fallberatung erarbeitet wurden (Fahr 2009).

Die Aufzeichnung soll vor allem für den Patienten Transparenz und Verbindlichkeit herstellen. Eine Schwierigkeit ergibt sich, wenn die prospektive Ethik-Fallberatung ohne vorherige Einwilligung des Patienten stattgefunden hat, da sie primär der Klärung eines Dissenses im Behandlungsteam diente. In diesem Fall müssen diese besonderen Umstände und das Ziel der Beratung deutlich aus der Dokumentation hervorgehen. Die Dokumentation muss erklären, dass entsprechend im Beratungsverlauf die Perspektive des Patienten nur indirekt einbezogen werden konnte und das beim Beratungsergebnis beachtet werden muss.

Die Dokumentation sollte mit allen Teilnehmenden der Beratungsrunde abgestimmt werden. Dazu kann ein Dokumentationsbogen am Ende der Beratung dienen, den gegebenenfalls alle Anwesenden unterzeichnen. Bei ausführlicheren Protokollen, die erst im Anschluss erstellt werden, muss es einen nachvollziehbaren und dokumentierten Abstimmungsprozess geben (Fahr et al. 2011).

Im Verlauf einer Ethik-Fallberatung werden nicht nur sensible Daten behandelt, es fließen oftmals auch sehr persönliche Wahrnehmungen und Wertehaltungen ein. Das ist für eine ethische Analyse unabdingbare Voraussetzung, kann aber nur gelingen, wenn der Beratungsprozess und auch die anschließende Dokumentation auf den dafür notwendigen Vertrauensschutz achten (Fahr et al. 2011). Für das Protokoll bedeutet das, dass einerseits die erarbeiteten Ergebnisse mit ihrer ethischen Begründung festgehalten werden sollen, zugleich aber die Vertraulichkeit des Beratungsverlaufes dadurch nicht verletzt wird. Außerdem sollte klar abgesprochen werden, in welcher Form die Dokumentation in die Krankenunterlagen aufgenommen wird und wer dafür die Verantwortung trägt.

Literaturtipp

Agich GJ (2011) Was trägt die Methode zur Ethikkonsultation bei? In: Stutzki R, Ohnsorge K, Reiter-Theil S (Hrsg.) Ethikkonsultation heute – vom Modell zur Praxis. 13–25. LIT Verlag Münster

3.5.2 Retrospektive Ethik-Fallberatung

Eine retrospektive Ethik-Fallberatung bezieht sich auf eine zurückliegende und meist vollständig abgeschlossene Behandlung. Ihr geht immer ein ernsthaftes und nachhaltiges Unbehagen mit einem Behandlungsverlauf voraus, dass die Zusammenarbeit in einem Team über einen längeren Zeitraum deutlich beeinflusst und schlimmstenfalls zu Dysfunktionalität führt. Die Teilnehmer einer retrospektiven Ethik-Fallberatung stehen nicht unter dem Druck, in einer ethisch komplexen Situation zeitnah eine abgewogene Entscheidung zu fällen. Diese Beratungsform bietet deshalb Raum für andere Schwerpunkte (Simon 2020).

Erstens kann eine retrospektive Ethik-Fallberatung bei den Beteiligten ein tieferes Verständnis für die ethische Bewertung eines Behandlungsverlaufes wecken. Es kann sie in einen Austausch darüber bringen, wie sie das Geschehen war genommen haben und inwiefern es sie belastet hat. Das kann destruktive Dynamiken auflösen, die sich aus einem moralisch problematischen Behandlungsverlauf ergeben können (Pavlish et al. 2013).

Zweitens bereitet ein solcher Austausch die Teammitglieder auf kommende, vergleichbare Situationen vor: Zusammen kann man Handlungsalternativen entwickeln, die es dem Behandlungsteam ermöglichen, konstruktiver mit einem grundlegenden moralischen Dilemma umzugehen (Heinemann 2010b).

Drittens haben retrospektive Ethik-Fallberatungen einen allgemeinen Schulungscharakter. Sie üben immer sowohl die Anwendung moralischer Prinzipien auf konkrete Situationen des Alltags als auch den wertschätzenden Austausch über ethisch komplexe und zum Teil konflikthafte Situationen ein (Schuchter u. Heller 2018).

> Bei einer **retrospektiven Ethik-Fallberatung** rücken Teamdynamiken stärker in den Vordergrund. Das Ziel besteht hier im Wesentlichen darin, die ethische Komplexität einer zurückliegenden Behandlungssituation besser zu verstehen und Handlungsalternativen für kommende vergleichbare Situationen zu erarbeiten.

Damit eine retrospektive Ethik-Fallberatung gelingt, ist die grundsätzliche Bereitschaft zu einem selbstkritischen Austausch im Behandlungsteam unabdingbare Voraussetzung. Fehlt diese bei einem der Teilnehmenden und kann das im Verlauf der Beratung nicht aufgearbeitet werden, verfestigt die Beratungsintervention im schlimmsten Fall den Konflikt im Team.

Grundsätzlich kann einer retrospektiven Ethik-Fallberatung ein ähnliches Moderationsschema zugrunde liegen wie einer prospektiven Fallberatung. Trotzdem bleibt Raum für ergänzende Beratungsmethoden. Da kein laufendes Behandlungsgeschehen und somit nicht das aktuelle Patientenwohl im Vordergrund stehen, eröffnet sich ein anderer Zugang (Schuchter u. Heller 2018). Im retrospektiven Setting bleibt mehr Raum für die Bearbeitung von Teamdynamiken, die sich am besprochenen moralischen Dilemma entzündet haben. Damit ähnelt dieser Ansatz methodisch der klassischen Fallsupervision: Ausgehend von einem konkreten Fall wird ein tieferes Verständnis für das Geschehen, das damit verbundene individuelle Erleben und die Teamdynamik erarbeitet. Damit wird verhärteten Fronten und Dysfunktionalitäten entgegengewirkt. Ein wesentlicher Unterschied besteht darin, dass sich eine retrospektive Ethik-Fallberatung eng an den moralischen Anteilen der Situation orientiert, die als konflikthaft erlebt wird. Zudem wird sie anders als Fallsupervisionen in Form von Einzelterminen und anlassbezogen angeboten. Darüber hinaus sind Kenntnisse in der Moderation von Gruppendynamiken notwendig, die im Rahmen einer regulären Schulung zur Ethik-Fallberatung nicht vermittelt werden, die aber zum Kompetenzprofil eines Supervisors gehören (Mitzscherlich u. Reiter-Theil 2017; Bannet 2012).

Eine besondere Variante der Ethik-Fallberatungen ist die namentlich in den Niederlanden verbreitete sogenannte „Moral Case Deliberation (MCD)". Dieses Modell ähnelt ebenfalls der Fallsupervision. Beispielsweise sind MCD als regelmäßig stattfindende Besprechungen angelegt. Im Kern geht es um die fallbezogene Erörterung einer ethischen Fragestellung. Ein geschulter Fallberater steuert den Diskussionsprozess. Die Teilnehmerrunde ist klar definiert. Die Fälle werden situativ durch ein Mitglied des Behandlungsteams eingespielt. Dabei kann es sich um aktuelle oder zurückliegende Fälle handeln. Ähnlich wie die retrospektive Ethik-Fallberatung dient die MCD nicht primär der Entscheidungsfindung. Sie zielt vielmehr darauf ab, die ethischen Kompetenzen der Teilnehmenden zu schulen, ein vertieftes Verständnis für bestimmte moralische Dilemmata zu wecken und Aushandlungsprozesse zu ethischen Fragestellungen zu üben (Dauwerse et al. 2014; Haan et al. 2018; de Snoo-Trimp 2020).

Literaturtipp

Mitzscherlich B, Reiter-Theil S (2017) Ethikkonsultation oder psychologische Supervision? Kasuistische und methodische Reflexionen zu einem ungeklärten Verhältnis. Ethik in der Medizin 29, 289–305

3.5.3 Präventive Ethik-Fallberatung

Präventive Ethik-Fallberatungen verfolgen ein anderes Ziel als die vorgenannten Modelle. Mit ihrer Hilfe sollen ethische Fragestellungen aufgegriffen werden, bevor sich daraus ein Konflikt entwickelt, der sich im weiteren Verlauf unter Umständen nur sehr schwer einfangen ließe (Simon 2020).

> **Präventive Ethik-Fallberatungen** verfolgen das Ziel, einen guten Umgang mit ethischen Fragestellungen im Zusammenhang mit der Versorgung von Patientinnen und Patienten zu finden, bevor sich aus solchen Situationen ein Konflikt entwickelt.

An dieser Stelle ist die Unterscheidung von ethischem Dissens und ethischem Konflikt von Bedeutung: Der ethische Dissens ist ein Wesensmerkmal des Wertepluralismus. Der Begriff beschreibt eine Situation, in der zwei Menschen unterschiedlicher Auffassung über das moralisch Gebotene sind. Der Terminus ethischer Konflikt dagegen steht für Momente, in denen aus einer solchen Meinungsverschiedenheit eine Auseinandersetzung entsteht. Je vielschichtiger die dahinterstehende ethische Fragestellung ist, desto schwieriger ist es, darüber zu sprechen – insbesondere dann, wenn sie ein unauflösbares Dilemma beinhaltet oder die ihr zugrundeliegende Thematik von existenzieller Bedeutung ist (Sellmaier 2011).

Um sich über einen ethischen Dissens zu verständigen, müssen die Beteiligten sich der Ursachen für ihre moralische Intuition bewusst sein und darauf reagieren. Wichtig ist zudem, dass die Rahmenbedingungen wie zum Beispiel der Arbeitsalltag in einem Krankenhaus Zeit und Raum für eine solche Auseinandersetzung lassen. Die Realität sieht oft anders aus. Das führt im Rahmen der Patientenversorgung immer wieder dazu, dass aus einem ethischen Dissens ein ethischer Konflikt entsteht, der die Beteiligten sehr belastet und darüber auch die Versorgungsqualität beeinträchtigt (Pavlish et al. 2013). Pro- und retrospektive Ethik-Fallberatungen werden meist einberufen, wenn die Fragestellung eine gewisse kritische Größe und damit Komplexität überschritten hat. Der präventive Ansatz will dagegen eine ethische Problematik möglichst frühzeitig thematisieren, um so dazu beizutragen, dass das Behandlungsteam darüber sprechen und den Betroffenen weiter zielgerichtet, abgewogen und patientenorientiert behandeln kann.

Bedingt durch diese andere Zielsetzung unterscheiden sich präventive Ethik-Fallberatungen in Ablauf, Methodik und Setting teils deutlich von den pro- und den retrospektiven Formaten. In der Regel sind sie in reguläre Gesprächsformate eingebettet, wie Übergaben, Teambesprechungen, Tumorboards, Mortalitäts- und Morbiditätskonferenzen et cetera. Ein recht bekanntes Beispiel für dieses Format ist die sogenannte Ethikvisite (Scheffold et al. 2012; Richter 2007). Dabei nimmt ein Klinischer Ethiker in einem festen Rhythmus an diesen Besprechungen teil und ergänzt den dort geführten Austausch, indem er gezielte diejenigen ethischen Sachverhalte anspricht, die für die weitere Behandlung von Bedeutung sind. Dabei handelt es sich um Fragen wie (Simon 2020):

- Ist der Patient einwilligungsfähig?
- Wie lässt sich der mutmaßliche Wille des nicht einwilligungsfähigen Patienten feststellen?
- Existiert eine Patientenverfügung und sind deren Inhalte bekannt?
- Schätzen alle die Prognose gleich ein und was bedeuten abweichende Einschätzungen für die ethische Bewertung der Situation?
- Besteht ein klares Therapieziel, ist es erreichbar und mit dem Patienten abgestimmt?

Gleichzeitig ist der Klinische Ethiker ansprechbar für Fragestellungen, die in der Beratung spontan auftauchen. Um das zu leisten, braucht es ein hohes Maß an Feldkompetenz. Damit ist das Verständnis der jeweiligen medizinischen Sachverhalte gemeint. Denn dieses Vorgehen lässt keinen Raum, um einen Fall ausführlich zu erarbeiten. Vielmehr lebt es davon, sich an die zeitlichen Rahmenbedingungen der üblichen Abläufe anzupassen.

Präventive Ethik-Fallberatungen erfolgen nicht anlassbezogen. Sie werden unabhängig vom konkreten Einzelfall vereinbart. Die Koordinierungsphase läuft deswegen im Vorfeld. Eine wesentliche Voraussetzung ist die Bereitschaft innerhalb einer Station oder Klinik, die Alltagsabläufe grundsätzlich um den Aspekt Ethik zu ergänzen, indem ein „Experte von außen" einbezogen wird. Die Absprachen darüber müssen unter Einbezug aller Leitungsverantwortlichen erfolgt sein. Auch die Dokumentation unterscheidet sich, denn eine präventive Ethik-Fallberatung folgt keinem gleichermaßen standardisierten Beratungsschema und ist auch hinsichtlich der ethischen Reflexion weniger umfangreich. Daraus folgt, dass die ethischen Anteile in der regulären Dokumentation dieser Beratung festgehalten werden (Sheffold et al. 2012; Richter 2007).

Literaturtipp

Richter G (2016) Ethikvisiten – Was hat sich bewährt? Anästhesiol Intensivmed Notfallmed Schmerzther 51, 352–356

3.6 Ethik-Fortbildung

In der Klinischen Ethik haben Fortbildungen vor allem das Ziel, die Ethik-Kompetenzen derjenigen zu fördern, die die tagtägliche Versorgung von Patientinnen und Patienten verantworten (BÄK 2006; AEM 2010). Fähigkeiten zu einem professionellen Umgang mit ethischen Fragestellungen gehören zum Grundverständnis aller Gesundheitsberufe. Das drückt sich unter anderem in entsprechenden Formulierungen in den jeweiligen Berufskodizes aus (Montgomery et al. 2018; International Council of Nurses ICN 2012). Eine grundlegende Ethikschulung ist daher zum Bestandteil des Medizinstudiums sowie der Ausbildungen und Studiengänge der verschiedenen Gesundheitsberufe geworden, allerdings mit verschiedener Schwerpunktsetzung und mit unterschiedlichem Umfang (Neitzke 2008b; Rabe 2017). In aller Regel reichen die in Studium und Ausbildung erworbenen Kenntnisse und Fähigkeit nicht aus, um im beruflichen Alltag sicher auf ethisch komplexe Situation zu reagieren (Strube et al. 2011; Bobbert 2013; Lehmeyer u. Riedel 2019). Hier setzt die Klinische Ethik mit dem Arbeitsfeld Fortbildungen an.

Zu den zentralen Ethik-Kompetenzen gehören eine allgemeine ethische Sensibilisierung, Fachwissen über Ethik und Moral speziell zu Themen der Gesundheitsversorgung sowie Fähigkeiten zur Auseinandersetzung mit und Kommunikation über ethisch komplexe Fragestellungen. Wichtig sind zudem Kenntnisse über die Angebote der Klinischen Ethik im eigenen Haus und ein Gespür dafür, in welcher Situation diese eine Unterstützung bieten können.

Ausgehend vom grundlegenden Ziel der Klinischen Ethik, die Möglichkeiten zum Austausch über Moral und Ethik in den alltäglichen Versorgungsprozessen zu fördern, sind Ethik-Fortbildungen ein Bestandteil der Personalentwicklung innerhalb eines Krankenhauses (Mühlbauer 2015). Sie sollen die Mitarbeitenden befähigen, auf ethisch komplexe Situationen im Rahmen der Regelkommunikation adäquat zu reagieren. Darüber hinaus können sie dadurch besser abschätzen, in welchen Situationen sie weiterführende Unterstützung benötigen. Grundlagen dafür sind einerseits eine Sensibilisierung für ethische Fragestellungen sowie spezifische Kenntnisse über Ethik und Moral. Andererseits müssen die Beteiligten lernen, das vorhandene Wissen in einer konkreten Situation abzurufen (AEM 2010). Ethik-Fortbildungen halten für die Mitarbeitenden deshalb Angebote bereit, mit denen sie ihre „Ethik-Rucksäcke" kontinuierlich mit Wissen und Fertigkeiten, mit Kompetenzen und Übung anreichern können. Die Klinische Ethik darf sich dabei nicht nur an die Beteiligten in der Patientenversorgung richten, sondern muss auch andere Berufsgruppen ansprechen. Nur das Zusammenwirken aller fördert die ethische Versorgungsqualität (Steinkamp u. Gordijn 2010, S. 243–245).

In diesem Sinne bilden die Mitarbeitenden die primäre Zielgruppe von Ethik-Fortbildungen. Schulungsangebote zu Ethikthemen können aber auch Patientinnen und Patienten, Angehörigen und der interessierten Öffentlichkeit offenstehen. Therapieentscheidungen fallen im Dialog zwischen den Patientinnen und Patienten und den verantwortlichen Ärztinnen und Ärzten. Im weiteren Sinne bezieht dieser Prozess auch das soziale Umfeld der Betroffenen ein. Besitzen alle Beteiligten eine gute Orientierung über ethische Fragestellungen, fördert das die Verständigung über moralisch brisante Themen und damit ethisch abgewogene Entscheidungen (BÄK 2006).

Ethik-Kompetenzen beinhalten mit Fachwissen, praktischen Fertigkeiten, Haltung und Praxistransfers vielfältige Anforderungen. Eine Ethik-Fortbildung sollte die Möglichkeit zur Interaktion bieten und damit zugleich die ethische Unternehmenskultur verbessern (Woellert 2019b). Darüber hinaus sind je nach Zielgruppe ganz unterschiedliche Inhalte und Lernziele denkbar. Nachfolgend sind einige wesentliche zusammengefasst (Steinkamp u. Gordijn 2010, S. 242; Lehmeyer u. Riedel 2019):

- Kenntnisse zu den Grundlagen von Ethik und Moral und deren Bedeutung in der Gesundheitsversorgung
- Wissen zu ethisch relevanten Einzelthemen wie beispielsweise mutmaßlicher Wille und Patientenverfügung, Demenzsensibilität, fürsorglicher Zwang oder Organspende
- Wissen zu relevanten Kodizes und Gesetzen
- Kenntnisse über die im eigenen Arbeitsumfeld vorhandenen Ethikstrukturen und unterstützende Angebote
- Kenntnisse über moralische Intuition, Wahrnehmungsübungen, Übertragbarkeit in den Arbeitsalltag
- Fähigkeit, moralische Dilemmata zu erkennen und zu benennen
- Fähigkeit, moralische Dilemmata zu analysieren und ethische Entscheidungen zu begründen
- Fähigkeit, bei Konflikten über Ethikthemen einen Ausgleich anzuleiten

- Fähigkeit zum Perspektivwechsel und zur Wahrnehmung der Wertehaltungen anderer
- Offenheit abweichenden Positionen gegenüber, Training einer grundsätzlich wertschätzenden Haltung auch angesichts ernsthafter ethischer Differenzen

Eine einzelne Ethik-Fortbildung kann das breite Spektrum möglicher Lernziele meist nicht allein abbilden. Mit einzelnen Angeboten lassen sich Ethik-Kompetenzen der Mitarbeitenden eines Krankenhauses nicht nachhaltig entwickeln. Das gelingt nur, wenn verschiedene Schulungsformate kombiniert und aufeinander abgestimmt werden. Gleichzeitig muss bei der Planung berücksichtigt werden, dass die Ethik-Fortbildungen zu den Möglichkeiten des jeweiligen Hauses und zu den Interessen und Bedürfnissen der Mitarbeitenden passen. Dieser Aspekt gehört in die strategische Planung im Arbeitsfeld Ethik-Fortbildungen.

Bei der Konzeption von Ethik-Fortbildungen müssen die grundsätzliche Ausrichtung der Klinischen Ethik im eigenen Haus, die Zielgruppe, deren Bedarfe, die zu vermittelnden Inhalte, die dafür geeigneten Methoden und das Setting berücksichtigt und aufeinander abgestimmt werden.

Ethikthemen lassen sich in unterschiedlichen didaktischen Formaten vermitteln (Simon 2020; Heinemann 2010a). Dazu zählen frontale Angebote (Vorträge oder kurze Informationsveranstaltungen), Veranstaltungen für praktischen Kompetenzerwerb (Trainings und Workshops) oder stark interaktive Formate (niedrigschwellige Diskussionsrunden). Die unterschiedlichen didaktischen Zugänge lassen sich kombinieren. Beispielsweise kann die Simulation einer Fallberatung im Rahmen eines Workshops durch einen Impulsvortrag eingeleitet werden. Die Wirkung einer Schulung hängt auch davon ab, ob es sich um eine singuläre Veranstaltung handelt oder die Maßnahme im Zusammenhang mit anderen Themen angeboten wird. Es kommt auf eine gute Mischung unterschiedlicher Formate an. Dabei lassen sich verschiedene Varianten unterscheiden, von denen einige wesentliche in Tabelle 2 vorgestellt werden.

Welche Fortbildungsformate für ein bestimmtes Krankenhaus sinnvoll sind, hängt von den dort vereinbarten Aufgaben der Klinischen Ethik sowie den verfügbaren Ressourcen ab. Mitunter ist ein Schulungsvorhaben mit den derzeit verfügbaren Mitteln nicht realisierbar, obwohl es sinnvoll und wünschenswert wäre. Eine Fortbildungsveranstaltung zu konzipieren, zu organisieren, durchzuführen und zu evaluieren ist außerordentlich arbeitsin-

Tab. 2 Übersicht über verschiedene Varianten von Ethik-Fortbildungen

Fortbildungsformat	Beispiele	Merkmale/Aspekte
Teil einer Schulung zu einem übergreifenden Thema	■ Einführungstage für neue Mitarbeitende ■ Führungskräfteprogramme ■ Fachweiterbildungen ■ PJ-Programme	■ Klinische Ethik erscheint durch diese Rahmung als gleichrangig zu anderen Themen ■ Inhalte können breit gestreut werden
Ethik-Fortbildung für eine große Zielgruppe (alle Mitarbeitenden, teils auch Patientinnen und Patienten, Angehörigen, Öffentlichkeit)	■ Fachvorträge oder Workshops zu spezifischen Themen oder auch ganze Ethiktage	■ große Zielgruppe wird erreicht ■ Themen können gezielt platziert werden
abgestimmt auf die Bedarfe eines einzelnen Bereiches, zugänglich nur für diese Zielgruppe	■ Kurzimpulse ■ Team-Tage ■ Workshops ■ retrospektive Ethik-Fallberatung ■ Vorträge	■ bedarfsgerechtes und individuelles Angebot ■ mitunter Ergebnis einer Ethik-Fallberatung
exklusiv für eine Zielgruppe, zum Beispiel Führungskräfte, Berufsgruppe, Nachwuchs	■ Vorträge ■ Workshops ■ Kurzimpulse	■ die Zielgruppe hat eine vergleichbare Erwartung an das Schulungsformat ■ geschützter Austausch innerhalb der Peer-Group
Fortbildungen für Mitwirkende in der Klinischen Ethik: Mitglieder eines Klinischen Ethik-Komitees, Ethik-Fallberater	■ Vorträge ■ Workshops ■ retrospektive Fallarbeit ■ Vernetzungstreffen	■ dient der Qualitätssicherung ■ Möglichkeit, die Inhalte aktueller Projekte zu vertiefen
niedrigschwellige Formate mit gemischten Zielgruppen (Mitarbeitende, z.T. auch Patientinnen und Patienten, Angehörige, Öffentlichkeit)	■ Ethik-Café ■ Ethikforen	■ Setting zielt darauf ab, niedrigschwellig einen offenen und wertschätzenden Austausch über Ethikthemen zu schaffen ■ rahmende Struktur zum Beispiel durch Thema des Tages, Impuls als Einstieg, einfache Bewirtung

tensiv. Zudem muss es den Mitarbeitenden möglich sein, die Angebote wahrzunehmen. Können sie nicht innerhalb der Dienstzeit daran teilnehmen, hängt ihr Kommen allein von ihrer Motivation ab. In der Planung wäre das zu beachten. Verfügt die Klinische Ethik über begrenzte Ressourcen, ist es sinnvoller, Fortbildungen zu fokussieren. Weniger Veranstaltungen sind dann besser, dafür sorgfältig konzipiert. Das beinhaltet eine genaue Planung mit Blick auf die Zielgruppen, deren Bedarfe und Möglichkeiten. Das bedeutet aber auch, dass die Effekte, die mit einer Fortbildung erzielt werden sollen, im Vorfeld klar benannt und möglichst im Nachgang erfasst werden. (Grossmann u. Lobnig 2013, S. 69–75).

Ethik-Fortbildungen müssen auf der Grundlage hinreichender Qualifikation erfolgen. Bedarfserhebung, Konzeption und Evaluation gehören zu den Kernaufgaben Klinischer Ethik (Gschwander et al. 2020). Die Qualifikation für die Durchführung sollte auf der dritten Qualifikationsstufe gemäß AEM (Akademie für Ethik in der Medizin) basieren: „Trainer*in für Ethik im Gesundheitswesen" (K3/AEM). Sie befähigt, Schulungen zu Ethikthemen durchzuführen (AEM 2019). Für Fortbildungen in Methoden der Ethik-Fallberatung ist eine Qualifikation nach K3/AEM Voraussetzung. Für andere Schulungsformate gilt diese Voraussetzung nicht gleichermaßen. So wie die Klinische Ethik insgesamt einen Schmelztiegel unterschiedlicher Professionen darstellt, gilt auch für Ethik-Fortbildungen, dass das Qualifikationsprofil der Dozierenden sich an den jeweiligen Inhalten und Lernzielen orientieren muss.

Literaturtipp

Akademie für Ethik in der Medizin/AEM (2019) Curriculum Ethikberatung im Gesundheitswesen

3.7 Ethik-Leitlinien

Krankenhäuser funktionieren vor allem, weil sie Prozesse und Abläufe standardisieren. Im Alltag eines Krankenhauses arbeiten viele Berufsgruppen Hand in Hand. Die Versorgung wird über ein komplexes Schichtsystem gewährleistet. Hier wirken sehr verschiedene Fachbereiche und Professionen zusammen. Um angesichts dieser Komplexität tagtäglich eine Vielzahl von Patienten auf einem hohen Niveau zu versorgen, erfordert es eine gute Organisation der einzelnen Handlungsschritte und Abläufe (Winkler 2008). Ein zentrales Mittel der Organisation ist es, Abläufe und Entscheidungsprozesse für wiederkehrende Problemkonstellationen vorzudenken. Denn die Handelnden wären „völlig überfordert, wenn sie für jede Entscheidungsfrage situativ neue Bewertungsmaßstäbe und Abläufe entwickeln müssten" (Wallner 2015, S. 236).

Krankenhäuser thematisieren und regeln deshalb wiederkehrende Fragen übergreifend und unabhängig vom konkreten Einzelfall. Ziel ist es, die Dimensionen wiederkehrender Fragen im Vorfeld möglichst umfassend zu klären. Dadurch bekommen die Handelnden einen konkreten Orientierungsrahmen für Entscheidungen im Einzelfall an die Hand (Winkler 2008, S. 167). Das Ergebnis sind Meta-Entscheidungen. Sie werden auf der Mesoebene erreicht, also auf der Ebene der Organisation. Sie sollen den Handelnden auf der Mikroebene zugutekommen. Meta-Entscheidungen sollen die Akteure in die Lage versetzen die Versorgung eines bestimmten Patienten bestmöglich zu gestalten (s. Kap. 2.3.3 *Auf dem eigenen Spielfeld bleiben*). Für die Klinische Ethik sind Kenntnisse über die Bedeutung und das Wesen von Meta-Entscheidungen grundlegend. Auch ethische Thematiken lassen sich auf diese Art und Weise angehen (BÄK 2006; AEM 2010).

Meta-Entscheidungen sind Festlegungen zum Umgang mit wiederkehrenden Fragestellungen. Sie sollen im Einzelfall eine umfassende Entscheidungsfindung unterstützen. Auch ethische Fragestellungen lassen sich in dieser Form im Vorfeld regeln.

Dieser Zusammenhang zeigt sich im Fallbeispiel 5. Die Anlage einer PEG-Sonde angesichts einer schwerwiegenden Erkrankung mit einer schlechten Prognose (wie beispielsweise eine fortgeschrittene Demenz) führt oft zu Uneinigkeit über die Frage, ob diese Maßnahme angesichts der Gesamtumstände „richtig“ sei (Riedel 2017). Verständigungsprozesse drohen, an solchen moralischen Dilemmata zu scheitern. Das geschieht vielfach auch dann, wenn die Beteiligten grundsätzlich über eine hohe Ethikkompetenz verfügen. Woran liegt das? Krankenhäuser sind, wie oben beschrieben, komplexe Systeme und als solche bei der Aufrechterhaltung ihrer Funktionalität auf festgelegte Abläufe angewiesen. Das umfasst eine Vielzahl von Aspekten: medizinische, pflegerische, therapeutische, organisatorische und mitunter auch ökonomische. Seltener aber beinhalten sie explizit ethische Überlegungen. Was also grundsätzlich von hoher Bedeutung ist, kann dann einen nachteiligen Effekt haben, wenn ethische Fragestellungen an Bedeutung gewinnen und der Umgang mit diesen im standardisierten Vorgehen nicht berücksichtigt wurde. Hier setzen Ethik-Leitlinien an. Sie sind ein Orientierungsrahmen für einen ethisch verantwortlichen Entscheidungsprozess. Aus diesem Grund ist die Erarbeitung von Ethik-Leilinien zu einem wichtigen Arbeitsfeld der Klinischen Ethik geworden (BÄK 2006; AEM 2010). Fallbeispiel 5 basiert auf einem Konflikt, der letztlich höchstrichterlich entschieden wurde. Denkbar ist aber, dass sich das in vergleichbaren Situationen durch eine Ethik-Leitlinie vermeiden ließe (Riedel u. Linde 2016).

Fallbeispiel 5

Herr Lüders (82) lebt in einem Pflegeheim. Er leidet an einer weit fortgeschrittenen Demenz. Mittlerweile ist er stark eingeschränkt. Er ist nicht in der Lage zu kommunizieren, kann sich nicht selbstständig fortbewegen und leidet unter einer schmerzhaften spastischen Lähmung. Vor gut fünf Jahren wurde Herrn Lüders eine PEG-Sonde angelegt, um einer Mangelernährung und Dehydrierung vorzubeugen. Immer wieder kommt es zu Komplikationen wie hohem Fieber, Atembeschwerden und Dekubiti. Wegen Lungenentzündungen wurde Herr Lüders mehrfach stationär behandelt.

Herr Lüders ist verwitwet und hat einen Sohn. Da dieser im Ausland lebt, kann er seinen Vater nur selten besuchen. Herr Lüders ist aufgrund seiner Erkrankung nicht einwilligungsfähig. Da sein Sohn für die täglichen Belange schwer erreichbar ist, hat ein Rechtsanwalt die Betreuung, die auch die Gesundheitssorge umfasst, übernommen. Darüber hinaus wird Herr Lüders regelmäßig von einem Hausarzt bereut. Eine Patientenverfügung hat er nicht verfasst. Sein mutmaßlicher Wille hinsichtlich lebenserhaltender Maßnahmen lässt sich nicht feststellen.

Nach einer Aspirationspneumonie wird auf eine intensivmedizinische Behandlung verzichtet. Postmortal kommt es zu einer Auseinandersetzung zwischen Herrn Lüders' Sohn und dem behandelnden Hausarzt, der schließlich in einem Rechtsstreit mündet, der von einem viel beachteten Urteil des Bundesgerichtshofes beschlossen wird. Dabei geht es im Kern auch um die Frage, ob die Weiterführung der PEG-Ernährung in den letzten Lebensmonaten angesichts der starken gesundheitlichen Belastungen und der schlechten Prognose des Patienten moralisch angemessen gewesen sei oder nicht vielmehr eine „sinnlose Verlängerung des krankheitsbedingten Leidens“ dargestellt habe (BGH Urt. v. 02.04.2019 – VI ZR 13/18).

Eine von der Arbeitsgruppe „Ethikberatung im Gesundheitswesen“ der Akademie für Ethik in der Medizin erarbeitete Empfehlung beschreibt, welche Aspekte bei der Erstellung einer Ethik-Leitlinie berücksichtigt werden sollten (Neitzke et al. 2015). Die Entwicklung und Implementierung sollten demnach einem festgelegten und transparenten Fahrplan folgen. Üblicherweise zeichnet ein Klinisches Ethik-Komitee verantwortlich und arbeitet dabei eng mit denjenigen Fachabteilungen zusammen, in deren Zuständigkeitsbereich die verhandelte Fragestellung fällt. Die Initiative kann dabei vom KEK, von den Betroffenen oder auch von der Krankenhausleitung ausgehen. Wichtig ist, dass vor Beginn des Erarbeitungsprozesses im Rahmen der Auftragsklärung sorgfältig geprüft wird, ob das Vorhaben im Haus grundsätzlich gewollt ist. Eine Ethik-Leitlinie muss bereits in der Entstehung mit den Vertretern der unterschiedlichen Berufsgruppen, der Rechtsabteilung, dem Qualitätsmanagement und gegebenenfalls etwaigen weiteren relevanten Akteuren abgestimmt werden, wenn sie auf Akzeptanz stoßen soll (Sisk et al. 2020). Ihre formale Inkraftsetzung erfolgt durch die Leitung des Krankenhauses in Form von hausinternen Vorgaben, Verfahrensanweisungen, Standard Operation Procedures (SOP) und Ähnlichem.

Ethik-Leitlinien bieten bei wiederkehrenden Fragestellungen einen systematischen Orientierungsrahmen für ethisch verantwortliche Entscheidungsprozesse.

Neitzke et al. unterscheiden fünf Phasen bei der Erarbeitung einer Ethik-Leitlinie (Neitzke et al. 2015):

1. Auftragsklärung: Ein Thema wird zur Bearbeitung in Form einer Ethik-Leitlinie vorgeschlagen. Das Klinische Ethik-Komitee prüft die Umsetzbarkeit, stimmt das Vorhaben mit den betroffenen Bereichen und der Krankenhausleitung ab und legt die konkreten Arbeitsschritte und die beteiligten Personen fest.
2. Erarbeitung eines ersten Leitlinienentwurfes unter Einbezug relevanter Rechtsnormen, fachlicher Vorgaben und moralischer Normen. Dabei wird die Erwartungshaltung derjenigen systematisch berücksichtigt, für die die Ethik-Leitlinie praktisch relevant sein soll.
3. Diskussion des Leitlinienentwurfs im KEK, mit den betroffenen Klinikbereichen und der Leitung des Krankenhauses. Darauf aufbauend abschließende Verabschiedung des Entwurfes durch das KEK.
4. Die formelle Inkraftsetzung der Ethik-Leitlinie erfolgt durch die zuständige Leitung. Bei der weiteren Implementierung (zum Beispiel unterstützt durch gezielte Information, Einbezug in Ethik-Fortbildungen) arbeiten die zuständige Leitung und das KEK zusammen.
5. Abschließend erfolgt eine systematische Evaluation in einem festgelegten Zeitraum, der sich gegebenenfalls eine Überarbeitung anschließt.

Themen, die eine Ethik-Leitlinie sinnvoll aufgreifen kann, sind beispielsweise der Umgang mit Patientenverfügungen, Therapiebegrenzungen angesichts einer infausten Erkrankung, Bluttransfusion bei Zeugen Jehovas oder die Prozesse im Zusammenhang mit einer Anordnung zum Verzicht auf Wiederbelebung. Das Internetportal der Akademie für Ethik in der Medizin (www.ethikkomitee.de) bietet eine Reihe von Ethik-Leitlinien auf Abruf, die an unterschiedlichen Krankenhäusern erarbeitet und implementiert wurden.

Der Einfluss, der mit einer Ethik-Leitlinie auf die Auseinandersetzung über Moral im Klinischen Alltag genommen werden kann, ist potenziell groß (Riedel 2016). Dennoch existieren vergleichsweise wenige Untersuchungen, die sich mit den spezifischen Techniken dieses Aufgabenfeldes beschäftigen (Frolic u. Drolet 2013; Strech u. Schildmann 2011). Es reicht nicht aus, ein entsprechendes Papier zu entwerfen. Eine Ethik-Leitlinie wird nicht in den Prozessen des Versorgungsalltages ankommen, wenn sie nicht schon in der Konzeptionsphase hinreichend verankert wird (Sisk et al. 2020). Wichtig ist auch, die Wirkung eines solchen Dokuments kritisch im Auge zu behalten. Das vorausgesetzt, sind Ethik-Leitlinien wichtige Instrumente, um ethisch verantwortliche Entscheidungsprozesse zu unterstützen und Handlungssicherheit herzustellen. Damit tragen sie unter anderem zur Prävention von Moral Distress bei. Zugleich sind sie ein Ausdruck für eine werteorientierte Organisationskultur (Heinemann 2010a, S. 147).

Literaturtipp

Jox et al. (2012) Änderung des Therapieziels am Lebensende: Effekte einer Klinik-Leitlinie. Deutsche Medizinische Wochenschrift 137(16), 829–833

3.8 Organisationale Durchdringung

Je größer eine Organisation desto schwieriger ist es ein Thema zu entwickeln. Das notwendige Know-how in den zentralen Strukturen (zum Beispiel der Klinischen Ethik) muss in die Breite der Organisation getragen werden. Umgekehrt müssen die konkreten Themen, Problematiken sowie die jeweiligen Ressourcen und Best-Practice-Modelle aus den einzelnen Bereichen in den zentralen Strukturen ankommen. Nur so lässt sich ein Thema stringent und zielgerichtet entwickeln (Grossmann u. Lobnig 2013).

Die Ethikarbeit steht vor demselben Problem. Sie will erreichen, dass Ethik in der Organisation Krankenhaus gelebt wird. Dieses erreicht sie, indem sie eine spezifische Form des Umgangs miteinander fördert und so im Rahmen vorgegebener Verantwortlichkeiten, Hierarchien und Entscheidungspfade einen Austausch auf Augenhöhe über ethische Themen unterstützt. Dafür steht das Aufgabenfeld der organisationalen Durchdringung.

Klinische Ethikarbeit zielt darauf ab, jeden und jede einzelne durch eine günstige Struktur und eine zuträgliche Organisationkultur in einem ethisch verantwortlichen Handeln zu unterstützen. Sie will dazu beitragen, Ethik „ans (Kranken-)Bett“ zu bringen (Pellegrino 1988) oder in anderen Worten: „Alltagsethik“ fördern (Albisser Schleger et al. 2014). Damit ist ein Zustand umschrieben, in dem ethische Fragestellungen für alle Beteiligten zufriedenstellend in alltäglichen Versorgungsprozessen berücksichtigt werden. Das gelingt nicht allein durch das Engagement einzelner oder das Vorhandensein zentraler Ethikstrukturen, wie beispielsweise eines Klinischen Ethik-Komitees. Das sind zwar wesentliche Bestandteile der Ethikarbeit. Noch wichtiger aber ist es, bei der Entwicklung der Klinischen Ethik in einem Krankenhaus sicherzustellen, dass Angebote wie Ethik-Fallberatungen, Fortbildungen und Leitlinien tatsächlich den Mitarbeitenden in der Patientenversorgung zugutekommen. Es reicht nicht, Angebote vorzuhalten. Sie müssen auch von den Mitarbeitenden wahrgenommen und in der konkreten Situation in Anspruch genommen werden.

Fallbeispiel 6

Herr Teich (70) wird seit über 40 Tagen intensivmedizinisch wegen eines schwelenden chronischen Infekts mit dialysepflichtigem Nierenversagen behandelt. Verschiedene Fachdisziplinen (Intensivmedizin, Chirurgie, Nephrologie) sind an der Behandlung beteiligt. Es kommt mehrfach zu schweren Komplikationen. Herr Teich wird vermutlich dauerhaft dialysepflichtig und stark pflegebedürftig bleiben. Nun scheint es, als könne die Infektion nicht anders als durch eine hohe Beinamputation behandelt werden.

Herr Teich war anfänglich orientiert und einwilligungsfähig. Jetzt ist er nicht mehr kontaktierbar. Patientenverfügung und Vorsorgevollmacht gibt es nicht. Die Ehefrau wurde als Betreuerin benannt. Amputation und Dialysepflichtigkeit waren am Anfang der Therapie kein Thema, entsprechend wurde mit Herrn Teich nicht darüber gesprochen. Es gibt noch eine Tochter und einen Schwiegersohn. Aufgrund der pandemiebedingten Besuchsbeschränkungen steht das Behandlungsteam mit der Familie hauptsächlich telefonisch in Kontakt. Das Familiengefüge ist durch die momentane Situation außerordentlich belastet. Das Behandlungsteam hat den Eindruck, dass die Familie die Situation kaum aushält und ein Ende herbeisehnt. Die Angehörigen scheinen die anstehenden Therapieentscheidungen in ihrer Tragweite nicht zu erfassen.

Das gesamte Behandlungsteam ist von Unruhe erfasst. Im Rahmen einer Stationsbesprechung, die durch einen Ethiker begleitet wird, wird das angesprochen. Es fällt der Satz: „Nach einer Amputation – das wäre für Herrn Teich doch kein lebenswertes Leben!“ In der anschließenden Diskussion wird deutlich, dass alle die Situation als ethisch problematisch einschätzen. Viele haben Fragen vor allem zum mutmaßlichen Patientenwillen und auch zur ethischen Bewertung der Amputation. Zur Klärung treffen sich alle beteiligten Fachdisziplinen. In diesem Rahmen lassen sich die Fragen zur Prognose, zu Risiken und realistisch erreichbarem Therapieziel weiter eingrenzen. Vollkommen offen bleibt dagegen die Frage nach den mutmaßlichen Behandlungswünschen des Patienten. Deshalb wird eine Ethik-Fallberatung einberufen. Sie soll die Frage klären, ob eine hohe Beinamputation bei fraglichem Patientenwillen und sehr eingeschränkter Prognose moralisch vertretbar sei. Zur Vorbereitung führt der zuständige Oberarzt im Rahmen einer Telefonkonferenz ein ausführliches Gespräch mit der Familie. Auch die Pflegeleitung der Station nimmt daran teil. Dabei können viele Unsicherheiten aufseiten der Angehörigen aufgelöst werden. Darüber hinaus wird deutlich, dass Herr Teich zeitlebens eine „Kämpfernatur" war, auch in gesundheitlichen Dingen. Er habe immer zum Ausdruck gebracht, dass auch starke körperliche Einschränkungen für ihn mit Lebensqualität vereinbar seien. Das räumt die bestehende Unsicherheit weitestgehend aus. Die Ethik-Fallberatung ist nicht mehr notwendig und wird abgesagt.

Die Idee, Ethikreflexion in die Regelprozesse des Krankenhausalltages zu integrieren, wird als implizite Ethik bezeichnet. Damit sind die vielen Formen des Austausches gemeint, die nicht primär der Auseinandersetzung mit ethischen Thematiken dienen, in denen ethische Fragen aber mit angemessener analytischer Tiefenschärfe mitgedacht werden – so wie in Fallbeispiel 6. Andere Beispiele für implizite Ethik sind eine Visite oder ein Tumorboard, in denen Therapieentscheidungen ausdrücklich auch unter ethischen Aspekten erwogen werden. Auch eine Verfahrensanweisung, die auf der Grundlage ethischer Überlegungen entwickelt wurde, oder ein „Flurgespräch", bei dem unter anderem die ethischen Dimensionen einer Fragestellung verhandelt werden, sind denkbar. Implizite Ethik geschieht nicht in festen Strukturen, sondern ist vielmehr Ausdruck einer spezifischen Kultur, Entscheidungen miteinander auszuhandeln und dem bewussten Umgang mit ethischen Herausforderungen eine hohe Bedeutung beizumessen (Dauwerse et al. 2014).

Die Begriffe explizite und implizite Ethik stehen für die formalen Strukturen Klinischer Ethik auf der einen und die Berücksichtigung ethischer Aspekte im Rahmen der Regelkommunikation sowie der Unternehmenskultur auf der anderen Seite. Beide stehen miteinander in Wechselbeziehung.

Demgegenüber stehen Formate expliziter Ethik. Damit sind die formalisierten Strukturen Klinischer Ethik bezeichnet. Beispiele dafür sind das Klinische Ethik-Komitee, Ethik-Fallberatung, Ethik-Leitlinien et cetera. Sie haben eine klar definierte formale Position und tragen zur Verankerung der

Ethik innerhalb der Organisation Krankenhaus bei. Sie unterstützen eine vertiefte Auseinandersetzung mit ethischen Fragestellungen und stärken die systematische Berücksichtigung ethischer Aspekte in der Patientenversorgung (Dauwerse et al. 2014).

Explizite und implizite Ethikformate stehen in einer Wechselwirkung zueinander. Explizite Ethikformate dienen im Wesentlichen der Stärkung der impliziten. Das Fallbeispiel 6 gibt hiervon einen Eindruck. Die ethisch begleitete Stationsbesprechung bot ein Umfeld, in dem eine vage moralische Intuition angesprochen werden konnte. Dabei wurde deutlich, dass diese von allen Anwesenden geteilt wird. Durch diesen Austausch konnte mit der Fallbesprechung unter Beteiligung aller Fachdisziplinen ein Vorgehen angeleitet werden, um die offenen Fragen ethisch zu bewerten. Da nicht alle ethisch wichtigen Punkte geklärt werden konnten, griffen die Verantwortlichen auf das Instrument der Ethik-Fallberatung zurück. Eine Maßnahme zur Vorbereitung darauf war die (telefonische) Familienkonferenz. Das Gespräch löste die ethischen Unsicherheiten auf. Die Ethik-Fallberatung war nicht mehr notwendig. Das Beispiel zeigt, wie die formalen Angebote der Klinischen Ethik (ethische begleitete Stationsbesprechung, Ethik-Fallberatung) und Regelkommunikation (interdisziplinäre Fallbesprechung, Familienkonferenz) sich gegenseitig ergänzen. Das bedeutet: Alle Interventionen der Klinischen Ethik besitzen keinen Selbstzweck. Sie dienen im Kern dem übergeordneten Ziel, Ethikreflexion in den Regelprozessen zu intensivieren. Klinische Ethikarbeit ist ausgerichtet auf die vielen Begegnungen, Gespräche, Handlungen und Entscheidungsprozesse, die die Versorgung von Patientinnen und Patienten ausmachen. Formale Strukturen wie Ethikkodizes, Fallberatungen, Schulungen und Leitlinien allein garantieren diese Zielvorstellung nicht, sind aber eine wichtige Voraussetzung für eine gelingende „Alltagsethik".

Der Transfer formaler Vorgaben in die gelebte Praxis geschieht nicht automatisch, sondern bedarf einer gezielten Gestaltung. Mehr noch: Wenn die ungeschriebenen Regeln und die Kultur einer Einrichtung einem gelingenden Austausch über ethische Fragestellungen entgegenstehen, bleiben die Bemühungen eines Klinischen Ethik-Komitees, einer Ethik-Fallberatung oder einer Ethik-Fortbildung weitestgehend wirkungslos (Hug 2009). Das bedeutet, dass Klinische Ethik einen Ethiktransfer nicht nur mitdenken, sondern gezielt planen und anleiten muss. Dafür steht das Arbeitsfeld organisationale Durchdringung. Dessen zentrale Aufgabe besteht darin, den Ethiktransfer bewusst zu gestalten – und zwar angepasst an die Gegebenheiten des jeweiligen Krankhauses. Konkret bedeutet das beispielsweise, die Festlegungen einer Ethik-Leitlinie durch gezielte Maßnahmen vom Papier in das tägliche Handeln zu überführen, die Inhalte einer Ethik-Fallberatung im weiteren Behandlungsverlauf verfügbar zu machen und den

Praxistransfer in der Konzeption von Schulungen zu berücksichtigen. Ethiktransfer bedeutet auch, die Verbindung zwischen formalen Ethikstrukturen und Krankenhausalltag bewusst zu gestalten und eine niedrigschwellige Ansprechbarkeit zu ermöglichen. Das betrifft die Kultur des Miteinander-Aushandelns sowie das Einüben eines respektvollen Miteinanders – auch und gerade angesichts ethischer Differenzen (Baumann-Hölzle u. Arn 2009; Arn u. Hug 2009).

Organisationale Durchdringung zielt auf die Verbindung formaler Ethikstrukturen mit der Organisation Krankenhaus und der dort vorherrschenden Kultur. Es geht um den Transfer der jeweils geltenden ethischen Normen und Rahmenbedingungen in den Krankenhausalltag, um die Gestaltung von Spielräumen für ethisch verantwortliches Entscheiden und Handeln und somit um die Förderung einer ethischen Unternehmenskultur.

Organisationale Durchdringung als Aufgabenfeld der Klinischen Ethik lässt sich in sehr unterschiedlichem Umfang einrichten. Die Bandbreite reicht von einzelnen, niedrigschwelligen und einfachen Interventionen bis hin zur Integration der Klinischen Ethik in zentrale Entscheidungsprozesse des Krankenhausmanagements (Wehkamp u. Wehkamp 2017; Hellmann 2015). Die konkrete Ausgestaltung der organisationalen Durchdringung orientiert sich immer an der jeweiligen Verankerung der Klinischen Ethik in einem Haus, dem damit verbundenen Auftrag sowie den realistisch verfügbaren Ressourcen. Nützlich ist es in jedem Fall, den Ethiktransfer bei allen Projekten der Klinischen Ethik mitzudenken.

Eine vergleichsweise komplexe Variante des Ethiktransfers ist das Konzept der „Embedded Ethicits“. Dabei handelt es sich um ethisch geschulte Mitarbeitende, die als Ansprechpartner für ethische Fragestellungen in bestimmten Bereichen des Krankenhauses fest eingebunden sind, zum Beispiel in einer regelmäßig stattfindenden Besprechung (Visiten, Transplantationskonferenz et cetera). Sie haben die Aufgabe, in diesen Runden einen besonderen Blick auf ethische Aspekte zu werfen. Bei Bedarf sprechen sie ethische Fragen proaktiv an, fungieren als Ansprechpartner für ethische Themen und fördern so kontinuierlich den Austausch über die Dimension Ethik. Dieses Vorgehen ist komplex, weil die beteiligten Ethiker und Ethikerinnen ethische Qualifikation, ein gewisses Maß an Feldkompetenz und zeitliche Verfügbarkeit benötigen (Bruce et al. 2014a). Damit ähnelt das Konzept der Embedded Ethicists dem der Ethikvisite, die in diesem Buch als Beispiel präventiver Ethik-Fallberatung vorgestellt wird (s. Kap. 3.5.3 *Präventive Ethik-Fallberatung*). Sie ist zugleich eine Intervention im Sinne des Ethiktransfers. Ihr erklärtes Ziel besteht darin, Ethikreflexion in der Regelkommunikation zu stärken, etwa in der Visite (Richter 2007). An diesem Beispiel wird deutlich, dass sich die vier Arbeitsfelder der Klinischen Ethik nicht eindeutig voneinander trennen lassen: Eine Schulung und eine Fallberatung beispielsweise haben im besten Fall immer auch einen Einfluss auf die ethische Wachheit und die Kultur des Miteinander-Aushandelns.

Es gibt aber auch deutlich niedrigschwellige Varianten, die organisationale Durchdringung umzusetzen. Das Format Ethik-Café ist ein vielerorts praktiziertes Beispiel: Es basiert auf der Grundannahme, dass eine bewusst gestaltete Umgebung, die sich an die Atmosphäre in einem Café anlehnt, einen Austausch auf Augenhöhe über ethisch sensible Fragestellungen erleichtert. Zu den Kennzeichen eines Ethik-Cafés gehört, ein Thema vorzugeben, niedrigschwellig zu moderieren, die Adressaten klar zu benennen, die Veranstaltung entsprechend bekanntzumachen und die Atmosphäre zu gestalten, zum Beispiel durch eine aufgelockerte Sitzordnung oder eine einfache Bewirtung. In einem Ethik-Café werden keine fallbezogenen ethischen Fragestellungen bearbeitet. Neben der Vermittlung von ethischem Fachwissen geht es vor allem darum, die Teilnehmenden allgemein für moralische Dilemmata zu sensibilisieren und eine Gesprächskultur mit ihnen einzuüben, die einen guten Austausch über ethisch komplexe Fragestellungen erlaubt (Maier u. Kälin 2016). Ein kreatives Beispiel zur niedrigschwelligen Förderung der organisationalen Durchdringung ist die Idee der „Exkursionen", die die Mitglieder des KEK der Medizinischen Hochschule Hannover in ausgewählte Bereiche der Klinik unternommen haben. Dadurch gewannen sie ein Bild der jeweiligen ethischen Herausforderungen und des Umgangs mit ihnen (Neitzke 2009a).

Einen umfassenderen Ansatz bietet das Ethik-Management beziehungsweise Werte-Management. Es erhebt die Gestaltung der ethischen Kultur in einer Einrichtung zur zentralen Managementaufgabe. Darunter fällt unter anderem, einen für das Haus geltenden normativen Rahmen vorzugeben und systematisch zu ermöglichen, diesem zu folgen. Existiert ein solcher Rahmen, dann sollte dessen Umsetzung erfasst und bei Bedarf nachgesteuert werden. Dieser Ansatz ist somit von der Idee getragen, dass die sorgfältige Auseinandersetzung mit ethischen Sachverhalten in der Patientenversorgung von der obersten Leitung eines Krankenhauses nicht nur gewünscht, sondern darüber hinaus auch konsequent gefördert wird. Dazu können die Verantwortlichen Ethikgrundsätze formulieren, verbunden mit sich davon ableitenden Umsetzungskonzepten. Auch die Durchführung von Ethikaudits, die Erfassung des ethischen Klimas durch Mitarbeiterbefragungen oder die Aufnahme von Ethiktrainings in den Kanon der Pflichtschulungen sind Maßnahmen im Sinne eines konsequenten Ethik-Managements (Schuchter et al. 2020; Hellmann 2015; Wehkamp 2015; Marckmann u. Maschmann 2014; Frolic et al. 2013a; Frolic et al. 2013b; Foglia et al. 2012).

Organisationale Durchdringung lässt sich somit mit ganz unterschiedlichen Methoden und in verschiedenem Umfang gestalten. Die verbindende Idee dieses Aufgabenfeldes besteht darin, alle Projekte, Maßnahmen und Ideen der Klinischen Ethik darauf auszurichten, dass sie die Regelprozesse der Patientenversorgung möglichst nachhaltig erreichen. Dahinter steht der Anspruch, mit der Förderung impliziter Ethikstrukturen zugleich der Entwicklung von Moral Distress vorzubeugen.

Literaturtipp

Hug S (2009) Handeln in Organisationen – zwischen Struktur und Kultur. In: Baumann-Hölzle R, Arn C (Hrsg.) Ethiktransfer in Organisationen 3. 17–30. Schwabe Basel

3.9 Die Bedeutung von Netzwerken

Der Terminus Netzwerk beschreibt den Zusammenschluss von Individuen oder Organisationen zu einem gemeinsamen Ziel. Dabei stehen die so verbundenen Akteure in einem regelmäßigen und geregelten Austausch und treten auf diese Weise in Beziehung zueinander. Sie interagieren damit in einer Struktur, die sich von außen beschreiben lässt. Durch ihre Verbindung erhalten die Akteure einen Mehrwert, den sie ausschließlich durch die Interaktion im Netzwerk erlangen. Solche Verbindungen können inner- und interorganisational bestehen und einen unterschiedlichen Strukturierungsgrad aufweisen (Bönisch 2017; Schnurrer 2018).

Auch für die Ethikarbeit sind solche Kooperationen interessant. In den USA existiert eine längere Tradition von regionalen und überregionalen Ethik-Netzwerken (Dunn 1992; Brody et al. 1992; Baruch 2005; Anderson-Shaw u. Glover 2009). Sie sehen sich im Kern der Förderung der ethischen Infrastruktur derjenigen Gesundheitseinrichtungen verpflichtet, die über das Netzwerk miteinander verbunden sind. Das erreichen sie meist über Schulungsangebote, die Ethikkompetenzen stärken, durch eine gezielte Anleitung zur Vernetzung und damit informellem Austausch und teils auch über die Möglichkeit, über den Zusammenschluss eine Ethik-Fallberatung in Anspruch zu nehmen. Die Netzwerke sind unterschiedlich strukturiert. Meist verfügen sie über eine Leitung und Regeln zur Mitgliedschaft, sind teilweise an Instituten angebunden und nehmen sowohl Einzelpersonen als auch Organisationen als Mitglieder auf (Fausett et al. 2015).

Die wesentlichen Vorteile der Netzwerkarbeit für die Klinische Ethik bestehen im vertrauensvollen Zusammenschluss von Akteuren, die vergleichbare Ziele verfolgen, mit ähnlichen Schwierigkeiten konfrontiert sind und zugleich unterschiedliche Expertisen in den Austausch einbringen. Die Akteure profitieren von den kollektiven Erfahrungswerten und Best-Practice-Modellen, wodurch der Austausch einen präventiven Effekt entfalten kann. Gleichzeitig bieten Ethik-Netzwerke einen fachlichen Reflexionsraum, der insbesondere diejenigen unterstützt, die die Ethikarbeit in ihren Einrichtungen überwiegend eigenständig und ohne Anbindung an die Fachcommunity erfüllen. Die dafür notwendige Vertraulichkeit stellt bei allen Vorteilen aber auch ein strukturelles Problem dar: Wo Klinische Ethikarbeit sensible Interna einzelner Einrichtungen berührt, stößt die Kultur eines offenen Dialoges an ihre Grenzen (Loeben 1999).

Die Kernidee der Ethik-Netzwerke geht von der Beobachtung aus, dass Ethikbeauftragte und KEKs in vielen Krankenhäusern Einzelkämpfern gleichen. Sie verfügen häufig über geringe Ressourcen und haben innerhalb der eigenen Einrichtung kaum Gelegenheit für einen fachlichen und kollegialen Austausch. Gleiches gilt für die Ethikstrukturen in anderen Einrichtungen des Gesundheitswesens (Fausett et al. 2015). Dabei handelt es sich um ein strukturelles Problem, das auch auf viele Einrichtungen in Europa und Deutschland zutrifft. Auch hier gibt es daher die Tendenz, der Problematik durch die Bildung von Ethik-Netzwerken entgegenzuwirken (Slowther et al. 2004; Bockenheimer-Lucius 2018; Büscher 2007). Diese sind sehr unterschiedlich strukturiert. Sie sind zum Teil als regionale Netzwerke, vereinzelt aber auch als innerorganisationale Netzwerke größerer Klinikverbünde konzipiert. Eine systematische Übersicht existiert bisher nicht.

Von besonderer Bedeutung ist in diesem Zusammenhang, dass Krankenhäuser in sich pluralistische Organisationen sind. Sie lassen sich als „mehr oder weniger lose gekoppeltes Netzwerk weitgehend autonomer Akteure“ beschreiben, wobei als Akteure hier die verschiedenen Fachbereiche, Kliniken, Abteilungen und Institute fungieren (Tuckermann 2013, S. 149–150). Diese besitzen ihrerseits eigene innere Strukturen, Selbstverständnisse, Dynamiken, Regeln und ungeschriebene Gesetze. Das Krankenhaus als organisationale Einheit bezieht seine Funktionalität aus dem Zusammenwirken der unterschiedlichen Bereiche.

Für das Verständnis der Klinischen Ethik folgt daraus, dass diese Vielfalt beachtet werden muss. Jeder Bereich eines Krankenhauses hat neben eigenen Themen, Regeln und Kommunikationsformen auch spezifische ethische Konfliktfelder. Damit Verantwortliche innerhalb der Klinischen Ethik diese Vielfalt bewältigen können, sind sie auf Verbündete angewiesen. Sie brauchen Personen, die die Ethikarbeit in die verschiedenen Bereiche transferieren und vor allem deren innere Gesetzmäßigkeiten kennen, um Ethik-Projekte passgenau zu entwickeln. Diese Verbündeten wiederum können ihrerseits von einem gegenseitigen Austausch über ihre jeweiligen ethischen Probleme und Projekte profitieren. Der wesentliche Gewinn besteht darin, dass auf diese Weise Ethikkompetenz gestreut, Motivation gefördert und Synergieeffekte erzielt werden. Klinische Ethik kann solche Interaktionen gezielt anleiten und steuern. Damit betreibt sie Netzwerkarbeit. Zu einer gelingenden Klinischen Ethik zählt damit auch innerorganisationales Networking (s. Kap. 4.6.1 *Ethik-Mentoren und -Mentorinnen*).

Literaturtipp

Loeben GS (1999) Networking Healthcare Ethics Committees: Benefits and Obstacles. HEC Forum 11, 226–232

4 Klinische Ethik am Universitätsklinikum Hamburg-Eppendorf (UKE)

4.1 Vorgeschichte

Die heutigen Strukturen Klinischer Ethik am Universitätsklinikum Hamburg-Eppendorf (UKE) haben eine lange Vorgeschichte. Die Anfänge reichen bis in das Jahr 1980 zurück. Damals startete eine Seminarreihe mit dem Titel „Ethische Grenzprobleme der Medizin". Den Anstoß dazu hatte der Theologe Siegfried Scharrer gegeben, damals Dozent am Fachbereich Evangelische Theologie der Universität Hamburg. Die Seminarreihe richtete sich vor allem an Studierende der Medizin und der Theologie, stand aber auch anderen Disziplinen offen. Mit dem Neurochirurgen Rudolf Kautzky und dem Pädiater Helmuth Boehnke beteiligten sich Mediziner bereits in den ersten Sitzungen an der Gestaltung der Inhalte. Damit begründeten sie eine Tradition des kritischen Austauschs über ethische Fragestellungen, der über unterschiedliche Berufsgruppen, Fachdisziplinen und Hierarchieebenen hinweg auf Augenhöhe geführt wurde. Von Anfang an war die Seminarreihe mit dem UKE verbunden. 1986 übernahm der Medizindidaktiker Winfried Kahlke die Leitung der Veranstaltung, die mittlerweile Interdisziplinäres Ethikseminar hieß – eine Aufgabe, die er bis 2019 wahrnahm (Kahlke u. Scharrer 2019).

Die Gründung des Interdisziplinären Ethikseminars geschah im historischen Kontext des sich wandelnden Bewusstseins für die Bedeutung von ethischen Fragen in der Medizin und im Gesundheitswesen. Das gilt für die bundesweite Entwicklung ebenso wie für die Entwicklung in Hamburg und am UKE. Aus dem Austausch zwischen Theologen und Medizinern entstand ein kritischer Diskurs, der für diese frühe Zeit prägend war. In seinen Anfangsjahren stand das Interdisziplinäre Ethikseminar auch in enger Verbindung zur Akademie für Ethik in der Medizin. Mit der Übernahme der Leitung durch Winfried Kahlke wurde die Veranstaltung zu einem festen Angebot im Rahmen des Medizinstudiums am UKE, wenn auch außerhalb des regulären Curriculums (Kahlke u. Scharrer 2019).

Das Interdisziplinäre Ethikseminar war eine frühe Form von Ethik-Fortbildung. Es bereitete damit zugleich den Boden für die Entwicklung der Klinischen Ethik am UKE. Eine Verankerung in den Krankenhausbetrieb gelang über dieses Format hinaus dagegen noch nicht. Das erreichte erst das 2000 gegründete „Ethik-Konsil" (Makowka 2004). Dabei handelt es sich um ein frühes Format der Ethik-Fallberatung, das die Aufgabe hatte, bei „medizinischen Grenzfällen zwischen Leben und Tod zu beraten und Empfehlungen auszusprechen". Das „Ethik-Konsil" ging maßgeblich auf das Engagement des damaligen Ombudsmannes am UKE, Roland Makowka, zurück. Es war interdisziplinär besetzt und konnte von Mitgliedern des Behandlungsteams ebenso angerufen werden wie von Patientinnen und Patienten sowie ihren Angehörigen. Wenige Jahre später kam mit der Perinatalen Ethikkommission ein weiteres Gremium der Ethik-Fallberatung hinzu. Es befasst sich ausschließlich mit fallbezogenen Fragestellungen des späten Schwangerschaftsabbruchs und ist in seiner Zusammensetzung und Arbeitsform speziell auf diese Thematik ausrichtet (s. Kap. 4.3.3 *Die Perinatale Ethikkommission am UKE*).

Der Aufbau der Klinischen Ethik am UKE steht in engem Zusammenhang mit der Entwicklung des Instituts für Geschichte und Ethik der Medizin. Die Medizingeschichte war in Hamburg bereits seit den 1960er-Jahren mit einem Lehrstuhl vertreten. Die Ethik kam dagegen erst 2003 mit der Berufung Heinz-Peter Schmiedebachs hinzu. Damit hatte die Medizinethik mit dem Institut für Geschichte und Ethik der Medizin (IGEM) am UKE eine wissenschaftliche Anbindung. Das bereitete wiederum den Boden für die Entwicklung der Klinischen Ethik. Gegenwärtig stellen die Wissenschaftsgeschichte im 19. und 20. Jahrhundert, Psychiatriegeschichte und die Rolle der Medizin im Nationalsozialismus wesentliche Arbeitsschwerpunkte des Instituts dar. Mit der Berufung von Philipp Osten auf den Lehrstuhl für Geschichte und Ethik der Medizin verband das UKE 2017 die Institutsleitung mit der Leitung des Medizinhistorischen Museums Hamburg. Damit stärkte es die Verbindung von Ausstellungsort, Lehr- und Forschungseinrichtung. Die Klinische Ethik am UKE ist somit eingebettet in einen Kontext, der auf den interdisziplinären Austausch zwischen Natur- und Geisteswissenschaften angelegt ist (Schwoch 2019).

Nachdem die Medizinethik im IGEM institutionell verankert war, gingen von hier die Impulse zur weiteren Entwicklung der Klinischen Ethik aus. Ein wesentlicher Schritt bestand dabei im Aufbau des notwendigen Know-how. Dazu erhielt die Autorin als wissenschaftliche Mitarbeiterin des Instituts die Gelegenheit, die Weiterbildung „Ethikunterricht in den Gesundheitsberufen“ an der Gesundheitsakademie der Charité zu absolvieren und an Fortbildungen zur Systemischen Beraterin und Supervisorin teilzunehmen. Diese Qualifizierungen bildeten die Voraussetzung für die anschließende Zertifizierung durch die Akademie für Ethik in Medizin (AEM) zur Beraterin, Koordinatorin und Trainerin für Ethik im Gesundheitswesen. 2012 startete schließlich eine einjährige Pilotphase. In dieser wurde die Autorin vom Vorstand des UKE damit beauftragt, sich mit ausgewählten Bereichen der Klinischen Ethik zu befassen. Dazu zählten die konzeptionelle Weiterentwicklung der Ethik-Fallberatung (damals noch als Ethik-Konsil verstanden), die Mitarbeit in der Perinatalen Ethikkommission und die Durchführung von Ethik-Schulungen. Der Auftrag konzentrierte sich auf die Bereiche Intensivmedizin, Onkologie und Pädiatrie. Nach erfolgreichem Abschluss der Pilot-Phase erfolgte im Folgejahr der Ausbau weitergehender Ethik-Strukturen. Anfang 2014 schließlich beschloss der Vorstand des UKE, die Position einer Vorstandsbeauftragten für Klinische Ethik fest einzurichten und ein Klinisches Ethik-Komitee zu gründen. Damit waren die Grundlagen für die heutigen Strukturen Klinischer Ethik am UKE gelegt (Woellert 2019c).

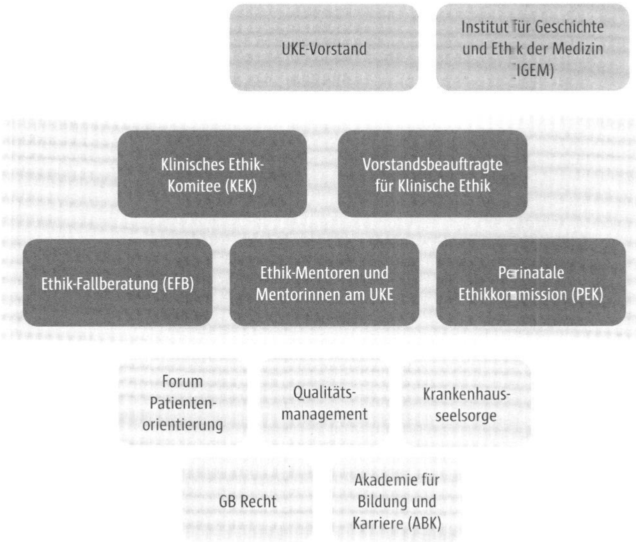

Abb. 9 Strukturen Klinischer Ethik am UKE

4.2 Strukturen Klinischer Ethik am UKE

Heute ist die Klinische Ethik am UKE breit aufgestellt (s. Abb. 9). Ihre zentrale Aufgabe besteht darin, den Dialog über ethische Fragestellungen in den Regelprozessen der Patientenversorgung zu stärken. Dafür steht der Slogan: „Ethik geht uns alle an!“ Die Klinische Ethik stellt die formalen Strukturen, die über ihre primären Aufgaben (Fallberatung, Fortbildungen et cetera) hinaus auf dieses übergeordnete Ziel hinarbeiten. Sie bietet damit den strukturellen Rahmen für die Entfaltung einer gelingenden Alltagsethik. Klinische Ethik am UKE bedeutet, mit expliziten Ethikangeboten die implizite Ethik sinnvoll zu beeinflussen (s. Kap. 3.8 *Organisationale Durchdringung*).

Die Leitung und Steuerung der Klinischen Ethik erfolgt am UKE durch eine Kombination aus einer zentralen Beauftragung und einem Klinischen Ethik-Komitee. Die zentrale Beauftragung realisiert sich in der Position der Vorstandsbeauftragten für Klinische Ethik, die an den UKE-Vorstand und an das Institut für Geschichte und Ethik der Medizin angebunden ist. Darüber hinaus bestehen mit der Ethik-Fallberatung, der Perinatalen Ethikkommission und den Ethik-Mentoren und -Mentorinnen weitere Ethikstrukturen. Sie alle verfügen über einen definierten Aufgabenbereich. Ihr Zusammenwirken ist sorgfältig abgestimmt. Die verschiedenen Ethikstrukturen werden in Kapitel 4 ebenso vorgestellt wie die am UKE realisierten Angebote und Projekte aus den Aufgabenbereichen Fallberatung, Fortbildung, Leitlinienentwicklung und organisationale Durchdringung.

Die Klinische Ethik könnte ihre Wirksamkeit am UKE aber nicht entfalten, wären nicht zwei wesentliche Voraussetzungen gegeben:

Erstens basiert sie auf einem Auftrag des Klinikvorstands. Dahinter steht die Überzeugung, dass der Klinischen Ethik ein fester Platz im Gefüge des UKE zukommt. Dazu fördert die Leitung konsequent die Entwicklung von Ethikstrukturen. Dieses Grundverständnis findet sich auch in den strategischen Jahreszielen des UKE wieder, in denen die Klinische Ethik regelhaft aufgeführt wird.

Zweitens ist die Klinische Ethik eingebettet in ein breites Geflecht von ergänzenden beziehungsweise unterstützenden Strukturen. Zu diesen zählen u. a. das Forum Patientenorientierung (s. Kap. 4.6.2 *Patientinnen und Patienten im Mittelpunkt*), das Team der Krankenhausseelsorge, das Qualitätsmanagement, der Geschäftsbereich Recht und die UKE-Akademie für Bildung und Karriere (ABK).

Besonders wichtig für das Gelingen ist der breite Zuspruch aus den Reihen der Mitarbeitenden. Ohne diese Verbindung von Top-down- und Bottom-up-Elementen ließe sich Klinische Ethik nicht in der hier dargestellten Breite verwirklichen (BÄK 2006).

4.2.1 Vorstandsbeauftragte für Klinische Ethik

Die Vorstandsbeauftragte für Klinische Ethik bekleidet eine Querschnittsposition. Der Arbeitsbereich ist zum einen an den Vorstand angebunden und hier sowohl dem Ärztlichen Direktor als auch dem Direktor für Patienten- und Pflegemanagement zugeordnet. Zum anderen besteht eine enge Anbindung an das Institut für Geschichte und Ethik der Medizin. In der Praxis hat sich diese dreifache Zuordnung bewährt. Sie sichert, dass die Vorstandsbeauftragte sich mit dem Klinikvorstand abstimmt und ermöglicht ihr einen engen Austausch mit dem wissenschaftlichen Umfeld. Außerdem ist sie in die studentische Lehre eingebunden. Die Vorstandsbeauftragte ist in der Ausübung ihrer Tätigkeit unabhängig und weisungsfrei. Zugleich können Projekte der Klinischen Ethik aber nur in enger Absprache mit den jeweils Verantwortlichen sinnvoll in Angriff genommen werden. Für die dafür notwendige Rückkopplung an den Vorstand sind regelmäßige und engmaschige Jour-Fix-Termine anberaumt. Darüber hinaus existiert ein jährliches Berichtswesen. Im Sinne einer sorgfältigen Auftragsklärung (s. Kap. 3.4 *Auftragsklärung*) geht die Vorstandsbeauftragte für Klinische Ethik außerdem in projektbezogene Abstimmungsprozesse mit den jeweils Verantwortlichen anderer Leistungsebenen.

Der Arbeitsbereich ist seit 2018 mit zwei Personen besetzt, die hauptamtlich für die Klinische Ethik tätig sind; neben der Autorin als Vorstandsbeauftragte für Klinische Ethik ist das Ute Meldau als Projektassistentin. Hier laufen die Fäden der Ethikarbeit am UKE zusammen. Der Arbeitsbereich ist damit die operative Basis der Klinischen Ethik. Zu seinen Aufgaben zählen u. a.

- zentrale Anlaufstelle für Anliegen zu Themen Klinischer Ethik und damit gleichermaßen ansprechbar für Mitarbeitende, Patientinnen und Patienten, Angehörige und die interessierte Öffentlichkeit
- Koordination und konzeptionelle Zusammenführung der verschiedenen Ethik-Projekte
- Leitung und Geschäftsführung des Klinischen Ethik-Komitees
- Mitarbeit in der Perinatalen Ethikkommission
- Koordination, Durchführung und Supervision von Ethik-Fallberatungen
- Konzeption und Durchführung von Ethik-Fortbildungen
- Koordination und Begleitung der Ethik-Mentoren und -Mentorinnen am UKE
- Unterstützung von Ethik-Projekten einzelner Abteilungen (zum Beispiel ECMO-Visite oder Ethik-Blitzlicht)
- Mitarbeit im Forum Patientenorientierung
- innerorganisationale, regionale und überregionale Netzwerkarbeit

Klinische Ethik muss auf einer soliden Qualifikationsbasis stehen. Die Ethikqualifikation genießt am UKE daher einen hohen Stellenwert. Die Vorstandsbeauftragte für Klinische Ethik ist gemäß den Vorgaben der Akademie für Ethik in der Medizin als Trainerin für Ethik im Gesundheitswesen (K3) und die Projektassistentin als Koordinatorin für Ethik im Gesundheitswesen (K2) zertifiziert.

4.2.2 Klinisches Ethik-Komitee

Mit dem Klinischen Ethik-Komitee (KEK) verfügt das UKE über eine zweite zentrale Steuerungs- und Lenkungsstruktur zur Gestaltung der Klinischen Ethikarbeit. Das KEK dient im Wesentlichen als Forum zur Förderung einer ethischen Unternehmenskultur. Es gibt eine klare Aufgabenverteilung zwischen dem Arbeitsbereich der Vorstandsbeauftragten für Klinische Ethik und dem KEK. Die Vorstandsbeauftragte fungiert als operative Basis. Das KEK wirkt dagegen als Reflexionsraum und dient der Vernetzung und Multiplikation. Die Aufgaben des KEK sind in der Präambel der Satzung mit folgenden Worten beschrieben:

> *„Das KEK leistet einen Beitrag zur Verbesserung der klinischen Behandlungsqualität, indem es dazu beiträgt, dass Werte wie beispielsweise Verantwortung, Selbstbestimmung, Vertrauen, Respekt, Fürsorge, Gerechtigkeit, Würde und Rücksichtnahme am UKE gelebt werden. Das betrifft im Besonderen eine patientenzentrierte Gesundheitsversorgung, aber auch einen wertschätzenden Umgang der Mitarbeitenden untereinander. Das KEK stellt ein Forum für schwierige und kontroverse moralische Themen bereit, und es bietet die Chance, diese interdisziplinär und systematisch ethisch zu reflektieren und aufzuarbeiten. Das KEK soll vorrangig die ethische Kompetenz vor Ort verbessern helfen und für moralische Fragestellungen sensibilisieren. Es hat somit die Aufgabe, eine Kultur ethischer Bewusstheit und Sensibilität am UKE zu fördern, zu moderieren und zu gestalten.“*

Zusammensetzung und Arbeitsweise des KEK sind darauf abgestimmt, dieses Aufgabenspektrums zu erfüllen. Sie sind in einer Satzung und einer Geschäftsordnung beschrieben [VA 1.03.02, Anlage 2 und 3]. Das KEK setzt sich heterogen zusammen. Derzeit hat es 23 Mitglieder, zu denen Vertreter der verschiedenen Berufsgruppen, Fachdisziplinen, Hierarchieebenen und Geschlechter zählen. Darunter sind Ärztinnen und Ärzte, Pflegende, Seelsorgende, Mitarbeitende des Geschäftsbereichs Recht, des Qualitätsmanagements und des Sozialdienstes, je ein Mitglied mit Kompetenzen für die Themen Interkulturalität beziehungsweise Patientenorientierung, Patienten- und Angehörigenvertreter, Studierende und Auszubildende, Ethiker und ein externes Mitglied. Jedes Mitglied hat einen Stellvertreter benannt. Das KEK achtet auf eine hinreichende Qualifizierung seiner Mitglieder. Derzeit sind 16 Personen auf K1-, zwei auf K2- und zwei auf K3-Niveau zertifiziert. Zwei Mitglieder verfügen über einen Master in Applied Ethics. Weitere werden laufend nachgeschult. Die Mitglieder des KEK werden vom Vorstand des UKE für einen Zeitraum von drei Jahren ernannt. Die Mitarbeit gilt als Arbeitszeit (Schochow et al. 2014).

Das KEK trifft sich in seiner Gesamtheit zu mindestens vier Vollversammlungen im Jahr. Hier finden die übergreifenden Diskussionen und die Beschlussfassung statt. Die thematische Arbeit ist dagegen in themen- beziehungsweise projektbezogenen Arbeitsgruppen organisiert. Diese beziehen nicht nur KEK-Mitglieder ein, sondern auch weitere Mitarbeitende des UKE. Sie folgen einem jeweils eigenen Arbeitsrhythmus. Dieses Vorgehen bezweckt, bereits in der Entwicklungsphase von Ethik-Projekten die spätere Implementierung mit anzuleiten und anschließend einen guten Übergang zu gewährleisten (Sisk et al. 2020). Die Vorstandsbeauftragte für Klinische Ethik hat gemeinsam mit einer Steuerungsgruppe die Leitung inne und koordiniert die laufenden Geschäfte. Der Steuerungsgruppe gehören mindestens drei weitere KEK-Mitglieder an.

Das KEK trat im Mai 2014 in einer konstituierenden Sitzung zusammen. Die erste Arbeitsphase bis Ende 2014 nutzte das Gremium, um seine Arbeitsfähigkeit zu entwickeln. Dazu wurde allen Mitgliedern eine eintägige Inhouse-Schulung angeboten, die das Fundament legte für die Erarbeitung von Satzung und Geschäftsordnung sowie für die Definition erster Arbeitsthemen. Für die laufende Arbeit gilt: Das KEK befasst sich mit moralischen Fragestellungen mit und ohne Auftrag. Es kann selbst aktiv werden. Zudem sind alle Personen, die im weitesten Sinne an der Patientenversorgung beteiligt und davon betroffen sind, berechtigt, dem KEK Themen zur Bearbeitung vorzuschlagen. Entscheidet sich das KEK dafür, sich eines bestimmten Themas anzunehmen, wird das initial und im Verlauf durch die Vorstandsbeauftragte für Klinische Ethik mit dem UKE-Vorstand sowie gegebenenfalls weiteren Leitungspersonen abgestimmt. Die Beschlüsse des KEK sind Empfehlungen. Sie dienen der Orientierung können durch den Vorstand des UKE beziehungsweise die Klinikleitung in Verfahrensanweisungen, Standards oder Dienstanweisungen übersetzt werden. Dieses Vorgehen sichert die Unabhängigkeit des KEK bei gleichzeitiger kontinuierlicher Verständigung über die Ziele einzelner Ethik-Projekte im Kontext der Gesamtorganisation. Hier seien einige Beispiele genannt für Themen, die im KEK erarbeitet oder durch das Gremium begleitet wurden. In den meisten Fällen führten sie zur Entwicklung einer Verfahrensanweisung (VA), das heißt zu einer für das gesamte Klinikum verbindlichen Vorgabe zum Umgang mit der jeweiligen Thematik:

- Umgang mit Patientenverfügungen und Vorsorgevollmachten
- Therapiezieländerung und Therapiebegrenzung bei schwerstkranken Patientinnen und Patienten
- ethische Grundsätze zur Beachtung des Patientenwillens bei der Behandlung von Kindern und Jugendlichen
- Behandlungsvereinbarung bei chronisch psychiatrischen Erkrankungen
- Weiterentwicklung der Strukturen ethischer Fallberatung
- Ethik-Mentoren und-Mentorinnen am UKE
- Wertevielfalt und Wertedifferenzen im Kontext von Interkulturalität

4.3 Ethik-Fallberatung am UKE

Am UKE gibt es mehrere ethische Beratungsangebote, mit jeweils unterschiedlicher Zielsetzung und verschiedenen Ausführenden. Eine Besonderheit besteht darin, dass dem KEK nur die Aufgabe zukommt, diese Angebote qualitätssichernd zu begleiten. Das hat folgenden Hintergrund: Das KEK ist am UKE eine vergleichsweise junge Einrichtung. Es wurde, wie oben beschrieben, erst 2014 gegründet. Ethik-Fallberatung gab es zu dieser Zeit bereits in etablierten Formaten. Was fehlte, war eine Zusammenführung und die Anbindung an die laufenden Fachdiskurse.

4.3.1 Ethik-Fallberatung – Prospektive und retrospektive Unterstützung bei moralischen Dilemmata

Ethik-Fallberatungen haben am UKE eine lange Geschichte. Noch vor 2000 wurde ein solches Beratungsangebot unter der Bezeichnung Ethik-Konsil gegründet (Makowka 2004). Dahinter stand eine interdisziplinär zusammengesetzte Gruppe, zu der anfangs Ärzte, Pflegende, Seelsorgende, der Ombudsmann der UKE und ein externer Jurist gehörten. Später kamen noch eine Mitarbeiterin des Sozialdienstes und eine Ethikerin hinzu. Anders als heute üblich war die Mitgliedschaft im Ethik-Konsil nicht an eine formale Qualifikation geknüpft. Die Beratungen erfolgten nach dem Expertenmodell (Neitzke 2008a; Rasoal et al. 2017): Nach der Aufnahme der ethischen Konfliktlage wurde im Kreise des Ethik-Konsils das moralische Dilemma analysiert und eine Schlussfolgerung erarbeitet. Diese wurde dem anfragenden Behandlungsteam abschließend als Empfehlung zur Verfügung gestellt, ohne dabei rechtlich bindend zu sein.

Bereits in der Anfangszeit galt die Mitarbeit im Ethik-Konsil als Arbeitszeit. Darüber hinaus gab es jedoch keine Ressourcen – beispielsweise für die Koordination oder um das Angebot innerhalb der UKEs bekannt zu machen.

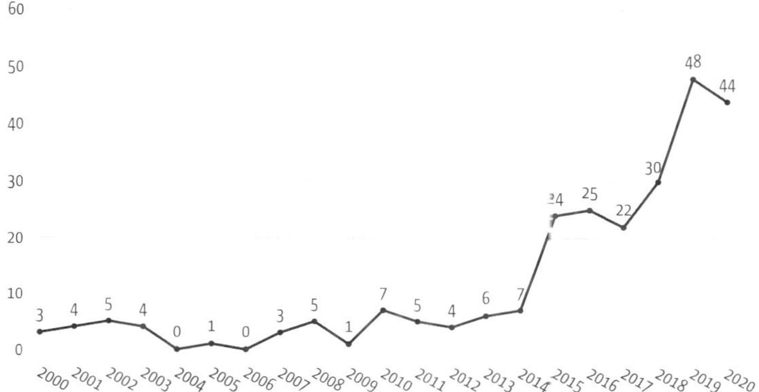

Abb. 10 Ethik-Fallberatungen am UKE: Entwicklung der Fallzahlen

Entsprechend bewegte sich die Anzahl an Beratungsfällen pro Jahr im unteren einstelligen Bereich (Schochow et al. 2017). Mit der Gründung des KEK und der Einrichtung der Position der Vorstandsbeauftragten für Klinische Ethik im Jahr 2014 wurden die personelle Ressourcenausstattung wie auch die Aufstellung der Klinischen Ethik insgesamt deutlich verbessert. Das machte sich unter anderem im kontinuierlichen Anstieg der Beratungsfallzahlen bemerkbar, von anfänglich drei bis fünf Fällen pro Jahr auf 48 im Jahr 2019. Selbst im Pandemiejahr 2020 wurde die Ethik-Fallberatung insgesamt 44-mal in Anspruch genommen (s. Abb. 10).

Nach der Gründung des KEK verblieben die Koordination und die Durchführung von Ethik-Fallberatungen bei den bisher Verantwortlichen. Das KEK übernahm die Aufgabe der qualitätssichernden Begleitung. Dabei wurde deutlich, dass gerade das Expertenmodell bei vielen Anfragenden auf Vorbehalte stieß. Für viele verband sich damit der Eindruck eines „Tribunals". Bei der Überarbeitung der Strukturen erfolgte daher eine Umstellung der Beratungsmethodik, die seitdem dem Prozessmodell folgt (Neitzke 2008a; Rasoal et al. 2017). Zugleich wurde das Angebot umbenannt. Es trägt seitdem die Bezeichnung Ethik-Fallberatung. Die organisatorischen Abläufe und das beraterische Vorgehen sind seither in einer Verfahrensanweisung festgelegt [VA 1.04.06]. Demnach gliedern sich die Abläufe einer Ethik-Fallberatung in die Schritte Anfrage, Koordination, Beratung und Protokoll (s. Abb. 11).

Wird eine Ethik-Fallberatung angefragt, übernimmt in einem ersten Schritt eine Koordinatorin die konkrete Vorbereitung. Zur Gruppe der Koordinatoren zählen mindestens vier Personen. So ist sichergestellt, dass der Beratungs-

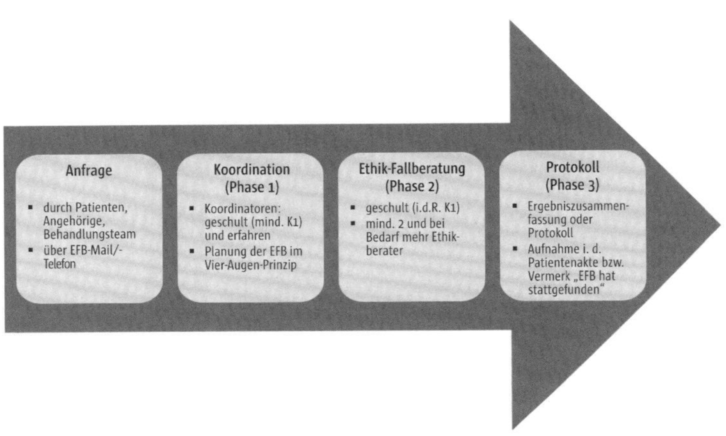

Abb. 11 Phasen im Verlauf einer Ethik-Fallberatung am UKE

dienst werktags zuverlässig erreichbar ist. Es gilt der Grundsatz, dass die mit der Koordination beauftragten Personen geschult sind und über umfangreiche Beratungserfahrung verfügen. Grundsätzlich gilt: Eine Ethik-Fallberatung kann am UKE von jeder Person angemeldet werden, die im Rahmen der Patientenversorgung ein moralisches Dilemma wahrnimmt. Dabei kann die Anmeldung auf unterschiedliche Weise erfolgen: telefonisch über eine zentrale Rufnummer, über eine zentrale Mailadresse oder auch direkt gerichtet an die Vorstandsbeauftragte für Klinische Ethik oder jedes andere Mitglied der Koordinationsgruppe.

Die Koordination umfasst eine eingehende Planung und Vorbereitung. Das ist notwendig, damit in der zur Verfügung stehenden Zeit – meist sind das maximal 60 Minuten – die in der Regel hoch komplexe Sachlage hinreichend abgewogen werden kann. Durch die Vorbereitung soll sichergestellt werden, dass alle an der Beratung teilnehmen, die maßgeblich am Konflikt beteiligt sind. Nur so kann in der Beratung eine tragfähige Lösung gefunden werden. Dabei geht es um die Klärung folgender Fragen:

- Wer ist der Fallgeber? (Beruf und Bezug zum Patienten)
- Wie beschreibt der Fallgeber das moralische Dilemma?
- Welches ist das Anliegen an die Ethik-Fallberatung?
- Was ist die medizinische Ausgangslage? Sind Prognose und Therapieziel klar? Gibt es dazu unterschiedliche Einschätzungen?
- Ist der Patient einwilligungsfähig? Wenn nicht, wer vertritt seinen mutmaßlichen Willen? Gibt es eine Patientenverfügung/Vorsorgevoll-

macht/Betreuungsverfügung? Was sind die Vorstellungen des Patienten zur anstehenden Frage?

- Welche unterschiedlichen Ansichten zur anstehenden ethischen Fragestellung sind bekannt? Besteht darüber ein Konflikt?
- Wer ist an der Situation maßgeblich beteiligt? Welcher der Beteiligten ist für die Ethik-Fallberatung unverzichtbar?
- Ist der Patient/sein Vertreter informiert? Wenn nicht, was sind die Gründe dafür?
- Sind die ärztliche und pflegerische Leitung informiert und unterstützen sie das Vorgehen?
- Absprachen über Zeitpunkt, Ort und Dauer

Zur Vorbereitung erfragt der Koordinator beim Fallgeber, wie dieser das moralische Dilemma wahrnimmt, wie die beteiligten Personen darüber denken und insbesondere welche Perspektive der betroffene Patient einnimmt. Besonders wichtig ist im Verlauf der Koordination, dass die einzelnen Beteiligten sich über die Erwartungen verständigen, die sie an die Ethik-Fallberatung richten. Diese können sehr unterschiedlich sein. Meist soll mithilfe der Ethik-Fallberatung auf eine komplexe ethische Fragestellung eine Antwort gefunden werden. Manchmal besteht der Wunsch, die ethischen Dimensionen einer Fallkonstellation auszuleuchten, um den weiteren Therapieverlauf auf eine ethisch fundierte Basis stellen zu können. Immer wieder geht es um zurückliegende Behandlungsverläufe, deren moralische Anteile das Behandlungsteam nicht loslassen. In einer Ethik-Fallberatung kann dann beispielsweise ein gemeinsames Verständnis von der moralischen Tragik gefunden und ein anderer Umgang mit vergleichbaren zukünftigen Situationen vereinbart werden (s. Kap. 3.5.2 *Retrospektive Ethik-Fallberatung*).

Besonders wichtig ist es, ambivalente oder versteckte Aufträge zu auszumachen (s. Kap. 3.4 *Auftragsklärung*). Nicht jedes Thema eignet sich für eine Ethik-Fallberatung. Ein tief in den Teamstrukturen verankerter Dissens über ethische Fragestellungen kann in diesem Rahmen nicht ausgeräumt werden. Im Rahmen der Koordinierung muss das Anliegen an die Ethik-Fallberatung deshalb so klar gefasst werden, dass niemand mit einer unerfüllbaren Erwartungshaltung in die Beratung geht. Um das zusätzlich abzusichern, erfolgt die Koordination immer nach dem Vier-Augen-Prinzip.

Grundsätzlich gilt, dass eine Ethik-Fallberatung nach Möglichkeit den Patienten beziehungsweise seinen Vertreter und gegebenenfalls auch weitere Angehörige einbeziehen sollte (BÄK 2006). Es gibt aber auch Situationen, in denen das therapeutische Team explizit wünscht, sich ohne Wissen des Patienten im Rahmen einer Ethik-Fallberatung zu besprechen. Das ist zum Beispiel dann sinnvoll, wenn sich das therapeutische Teams uneins über ethische Aspekte des Therapieziels ist. Oftmals ist es sinnvoll, wenn die

Behandelnden sich darüber vorab intern austauschen, damit die Verantwortlichen gut vorbereitet in das Arzt-Patientengespräch gehen und dieses patientenorientiert führen können. Hat der Patient im Vorfeld nicht informiert eingewilligt, gilt am UKE die Regel, dass die Ethik-Fallberatung anonymisiert abläuft. Die Perspektive des nicht anwesenden Patienten muss in diesem Fall aber in der Moderation methodisch eingebracht werden (Neitzke 2009b).

Für die Durchführung der Ethik-Fallberatung gilt am UKE die Regel, dass sie im Zweierteam erfolgt und dass je nach Fragestellung weitere Ethikberater oder andere geeignete Personen hinzugezogen werden können. Der hauptverantwortliche Fallberater muss zwingend eine K1-Schulung entsprechend den Richtlinien der Akademie für Ethik in der Medizin absolviert haben und über hinreichend Erfahrungen in der Durchführung von Ethik-Fallberatungen verfügen.

Ein Moderationsleitfaden hilft, die Ethik-Fallberatung zu gliedern (s. Tab. 3). Darüber hinaus sind die Fallberater in der Wahl der Methode und des Vorgehens frei. Jede Ethik-Fallberatung besitzt eine eigene innere Dynamik. Der Moderationsleitfaden ist ein Strukturierungsinstrument. Die Abfolge der genannten Aspekte ist in jeder Beratung anders. Der Fallberater entscheidet situativ über die Intensität der Steuerung. Mitunter ist ein frei laufender Austausch für die Bearbeitung der ethischen Fragestellung zielführender als eine enge Moderation (Agich 2011). Die Ethikberater achten darauf, dass insbesondere die Perspektive des Patienten und der Angehörigen reflektiert wird, sollten diese an der Beratung nicht teilnehmen wollen oder können. Am Ende einer Ethik-Fallberatung steht dann die Zusammenfassung der Ergebnisse (Konsens und Dissens). Insgesamt liegt dem am UKE praktizierten Modell, den Abläufen sowie den Schulungen der Durchführenden ein systemischer Beratungsansatz zugrunde (von Schlippe u. Schweitzer 2012).

Im Anschluss an eine Ethik-Fallberatung wird je nach Fragestellung das Ergebnis kurz zusammengefasst oder aber ein ausführliches Protokoll erstellt. Beide Varianten enthalten Angaben zu Formalia wie Ort und Zeitpunkt der Beratung, die Namen der Teilnehmenden und den Auftrag an die Ethik-Fallberatung. Der Unterschied besteht darin, wie ausführlich die ethische Diskussion wiedergegeben wird: Die Zusammenfassung enthält eine knappe Wiedergabe der Ergebnisse samt ethischer Begründung. Das Protokoll umfasst eine deutlich umfangreichere ethische Analyse der erörterten Sachlage, die sich an der Diskussion orientiert. Diese Differenzierung passt die Vorgaben der Akademie für Ethik in der Medizin auf die Erfordernisse am UKE an (Fahr et al. 2011). Sie ist das Ergebnis einer kritischen Reflexion der Beratungsprozesse der vergangenen Jahre. Darin hatte sich gezeigt, dass die Ausarbeitung eines ausführlichen Protokolls einen erheblichen zeitlichen Aufwand erfordert, der in vielen Fällen nicht oder nur mit zeitlicher Verzögerung geleistet werden konnte. Die selbst gesteckten Qualitätsanforderungen ließen sich so nicht einhalten. Zugleich zeigten stichprobenartige Nachbefragungen, dass sehr ausführliche Protokolle von den anfragenden Behandlungsteams im Anschluss teils nicht gelesen beziehungsweise nicht in die Dokumentation aufgenommen wurden. In anderen Fällen wiederum wurden auch ausführliche Protokolle aufwendig abgestimmt und im weiteren Behandlungsverlauf aufgegriffen. Offenbar ziehen

Tab. 3 Ethik-Fallberatung – Moderationsleitfaden

	Hauptaspekte	Unterpunkte
Begrüßung und Einstieg	■ Begrüßung ■ Teilnehmerliste ■ Vorstellungsrunde ■ Auftragsklärung	■ Wer nimmt teil? Kennen sich alle? ■ Ablauf erläutern, auf Vertraulichkeit hinweisen ■ Fallberater formuliert den Auftrag an die Ethik-Fallberatung und stimmt diesen mit dem Fallgeber und den übrigen Anwesenden ab
Schilderung der Sachlage/ des „Falls“	■ medizinische/ pflegerische/ therapeutische Fakten ■ (mutmaßliche) Perspektive des Patienten ■ (mutmaßliche) Perspektiven der Angehörigen ■ juristische Fragen ■ gegebenenfalls persönliche Reaktion der Anwesenden	■ Fallschilderung (Diagnose[n], Vorgeschichte, Therapieziel, Prognose, Therapieoptionen, Indikation, Sozialanamnese) ■ Einwilligungsfähigkeit gegeben: ja/nein/unklar? ■ Patientenverfügung, Vorsorgevollmacht, Betreuung? ■ Behandlungswünsche des Patienten und Kontext ihrer Entstehung, Hinweise auf den mutmaßlichen Willen, aktuelle (gegebenenfalls nonverbale) Willensbekundungen ■ Angehörige: Wer tritt in Erscheinung? Wer ist wie von der Situation betroffen? Was ist noch über das soziale Umfeld bekannt? ■ Gibt es psychologische/spirituelle Unterstützung? ■ Wie wirkt die Situation auf das Behandlungsteam?
Verweis auf die ethische Dimension	■ moralisches Dilemma	■ Moralisches Dilemma (erneut) benennen. Ergab sich aus der Fallanalyse dazu eine Veränderung? ■ Welche moralischen Werte spielen hier eine Rolle?

	Hauptaspekte	Unterpunkte
Diskussion der möglichen (Be-) Handlungs-alternativen	■ Welche (Be-) Handlungsalternativen sind denkbar? ■ Welche kurz-, mittel- und langfristigen Aspekte sind damit verbunden? ■ Welche ethischen Konsequenzen sind damit verbunden? (Werte/Prinzipien)	■ Wie bewertet der Patient/sein Stellvertreter die einzelnen (Be-)Handlungsalternativen? Gibt es entscheidende Einwände gegen den Behandlungswunsch des Patienten? (Autonomie)? ■ Mit einem fürsorglichen Blick auf den Patienten: Wie beurteilen die Anwesenden die (Be-)Handlungsalternativen (unter Berücksichtigung der Werte „Wohltun" und „Nicht-Schaden" und der Grundannahme, dass nur der Patient hierüber befinden kann)? ■ Welche Konsequenzen haben die (Be-) Handlungsalternativen für die Angehörigen und Freunde des Patienten (Gerechtigkeit)? ■ Erfolgt der Austausch zwischen allen Beteiligten in Hinblick auf die einzelnen (Be-)Handlungsalternativen und eine angemessene ethische Entscheidung zufriedenstellend (Dialog)? ■ Lässt die Situation/der Verlauf allen Beteiligten hinreichend Zeit, um zu einer guten Entscheidung zu kommen? Ist der bisherige Entscheidungsprozess in einer angemessenen Zeit erfolgt (Zeit)?
Synthese und Ergebnis	■ Ergebnis der Diskussion formulieren (Ziel: Ethisch begründete Beurteilung des Problems) ■ Diskussionsverlauf benennen: Konsens oder Dissens? ■ Aufgaben/ Zuständigkeiten	■ Protokollführer stimmt eigene Eindrücke sorgfältig mit den anderen Teilnehmenden ab ■ Unter Berücksichtigung aller Aspekte: Welche (Be-)Handlungsalternative ist im Sinne des Patienten die beste? ■ Konsens oder Dissens? ■ Wessen Bedürfnisse bleiben bei der Entscheidung unberücksichtigt? Mit welcher Begründung? Gibt es einen Ausgleich? ■ Verfahrensvorschlag und dessen ethische Begründung ■ weiteres Vorgehen und Aufgabenverteilung ■ Zuständigkeiten festlegen und im Protokoll festhalten ■ Vereinbarungen zur Dokumentation
Abschluss	■ Protokoll ■ Dank an alle ■ Hinweis auf Folgeberatung(en)	■ Kontaktdaten vom Fallgeber und anderen, die das Protokoll prüfen wollen, nicht vergessen

manche Fragestellungen beziehungsweise bestimmte Austauschprozesse mehr Gewinn aus einer schriftlichen Aufarbeitung als andere. Diese Beobachtungen waren der Anlass, bei der Ergebnissicherung differenziert zu verfahren.

Ob ausführliches Protokoll oder kürzere Ergebniszusammenfassung – darüber entscheiden die Ethikberater gemeinsam mit dem Fallgeber und in Abhängigkeit von der konkreten Konfliktkonstellation. In jedem Fall wird das Protokoll beziehungsweise die Ergebniszusammenfassung vor ihrer Fertigstellung mit den Teilnehmenden der Beratungsrunde abgestimmt. Findet die Beratung statt, nachdem der Patienten eingewilligt hat, wird das Dokument der Patientenakte beigefügt. Ist dies nicht der Fall, wird in der Patientenakte notiert: „Eine Ethik-Fallberatung hat stattgefunden". Die Dokumentation wird dann anonymisiert bei der Vorstandsbeauftragten für Klinische Ethik archiviert.

Allen Fallberatern werden mehrfach im Jahr Übungstreffen angeboten. Sie begleiten die Ethik-Fallberatungen systematisch qualitätssichernd. Dazu thematisieren sie den Austausch über die jeweils durchgeführten Beratungen und die damit verbundenen Erfahrungen. Sie geben Raum für eine teils kollegiale und teils supervisorische Bearbeitung und Übungen zu einzelnen Beratungssequenzen (zum Beispiel Eröffnung einer Ethik-Fallberatung bei hohem Konfliktpotenzial in der Beratungsrunde, Einbindung von Patienten und Angehörigen in den Beratungsverlauf). Außerdem informieren sie über relevante Neuerungen.

4.3.2 Ethik-Blitzlicht – Präventive Ethik-Fallberatung in der Klinik für Intensivmedizin

Die Intensivmedizin ist in besonderem Maße mit den Grenzfragen des Lebens konfrontiert. Die dort Tätigen stehen täglich vor der Herausforderung, kritisch erkrankte Patienten in einer komplexen medizinischen Situation bestmöglich zu versorgen. Ethische Fragestellungen ergeben sich vor diesem Hintergrund in hoher Dichte (Michalsen et al. 2021; Neitzke et al. 2016). Dabei bestehen oft unterschiedliche Auffassungen über die ethische Bewertung einer Behandlung. Bleiben solche divergierenden Wahrnehmungen unreflektiert und unbesprochen, verursachen sie leicht einen ethischen Konflikt (Pavlish et al. 2013).

In der Intensivmedizin spielt Zeit eine besondere Rolle. Der Arbeitsalltag ist dicht getaktet und lässt wenig Raum für Abweichungen. Der gesundheitliche Zustand der dort versorgten Patientinnen und Patienten erfordert häufig ein sehr schnelles Eingreifen. Pro- und retrospektive Ethik-Fallberatungen sind angesichts dieser Bedingungen nur in begründeten Konstellationen sinnvoll, denn sie benötigen Zeit und die Anwesenheit mehrerer Mitglieder des Behandlungsteams. Vor diesem Hintergrund bieten präventive Formate Vorteile.

Das Ethik-Blitzlicht ist eine Variante präventiver Ethik-Fallberatung, die am UKE auf verschiedenen Stationen der Klinik für Intensivmedizin (KIM) etabliert worden ist. Sein erklärtes Ziel ist es, ethisch komplexe oder gar konflikthafte Situationen früh anzusprechen. Schwierige ethische Fragstellungen werden hier nicht bearbeitet, das leistet die Ethik-Fallberatung. Ein Ethik-Blitzlicht ermöglicht den Dialog über moralische Intuitionen. Mitunter geht es dabei um rasch zu klärende Fragen. Manchmal wird eine vielschichtige Problematik deutlich. Die Beratung könnte dann in einer Vereinbarung münden, welche Konsequenzen daraus zu ziehen sind.

> Das **Ethik-Blitzlicht** ist ein schneller und durch gezielte Moderation geprägter Austausch über moralische Dilemmata. Es handelt sich um einen Reflexionsraum, in dem divergierende Wahrnehmungen ausgetauscht werden und der weitere Umgang mit der Situation vereinbart wird.

Die Initiative für das Ethik-Blitzlicht ging vom Qualitätszirkel Ethik der KIM aus. Die ursprüngliche Idee bestand darin, das Modell der Ethik-Visite auf das UKE zu übertragen (Scheffold et al. 2012; Richter 2007). Im Verlauf der Vorabsprachen wurde aber deutlich, dass die spezifischen Bedarfe und Rahmenbedingungen dafür sprachen, die präventive Ethik-Intervention nicht im Rahmen einer Visite zu platzieren. Stattdessen wurde sie an die Übergabe vom Früh- zum Spätdienst gebunden. Vorabsprachen, Konzeptentwicklung und erste Probedurchläufe fanden in einer knapp zweijährigen Pilotphase statt. Die Vorgabe war die Entwicklung eines kurzen Reflexionsformats in Verbindung mit dem Wechsel vom Früh- zum Spätdienst, das sich zeitlich an die Übergabebesprechung anpasst und woran alle Berufsgruppen gleichermaßen teilnehmen können.

2017 startete das Format unter der damals noch sperrigen Bezeichnung „stationäre Ethikreflexion". Im Verlauf entstand der eingängigere Name „Ethik-Blitzlicht". Das Projekt war anfänglich auf nur zwei Stationen begrenzt. Derzeit wird das Ethik-Blitzlicht auf neun von insgesamt zwölf Stationen der KIM regelmäßig durchgeführt. Dabei verfolgt jede Station einen eigenen Rhythmus, der zwischen 14-tägig und einmal im Monat liegt. Es sind feste Termine vereinbart, die entfallen können, wenn stationsseitig kein Gesprächsbedarf besteht. Dieser wird tagesaktuell von den Verantwortlichen im Qualitätszirkel Ethik erfragt.

Die Moderation der Runden übernimmt in der Regel eine geschulte Fallberaterin (K2), die als Fachpflegende in der KIM und als Mitarbeiterin der Vorstandsbeauftragte für Klinische Ethik tätig ist. Sie verfügt damit im Sinne des Konzeptes der Embedded Ethicits (s. Kap. 3.8 *Organisationale Durchdringung*) sowohl über Feldkompetenz als auch über eine umfangreiche ethische Qualifikation (Bruce et al. 2014a). Diese Schnittstellenkompetenz bildet eine wichtige Grundlage. Ein Ethik-Blitzlicht dauert zwischen zehn und 15 Minuten. Die Moderation folgt keinem strengen Schema, orientiert sich aber an einer Strukturierungshilfe, die auf die zentralen Einfallstore für moralische Dilemmata aufmerksam macht.

Bei dem Ethik-Blitzlicht handelt es sich um ein freiwilliges Format. Die Teilnahme ist gewünscht und gilt als Arbeitszeit, ist aber nicht verpflichtend. In der Regel nehmen zwischen fünf und zehn Personen an einem Ethik-Blitzlicht teil. Die Beratung steht allen Berufsgruppen offen. Pflegende sind anteilig stärker vertreten. Eine systematische Auswertung des Beratungsformates und der damit erzielten Effekte steht noch aus. Die Rückmeldungen der Teilnehmenden sowie der ärztlichen und pflegerischen Verantwortlichen deuten darauf hin, dass das Ethik-Blitzlicht den Austausch über Situationen von ethischer Relevanz verbessert, sodass die Mitglieder des Behandlungsteams schneller reagieren können. Darüber hinaus scheint das Ethik-Blitzlicht die Ethikkompetenzen der Teilnehmenden zu stärken.

4.3.3 Die Perinatale Ethikkommission am UKE – Von der Nützlichkeit des nicht Notwendigen

Dominique Singer

Die Rechtslage scheint klar: Um jenseits der zwölften Schwangerschaftswoche einen Schwangerschaftsabbruch vornehmen (lassen) zu dürfen, bedarf es laut § 218a Abs. 2 StGB einer in keiner anderen zumutbaren Weise abwendbaren Gefährdung für die physische oder psychische Gesundheit der Schwangeren (Neidert 2008). Diese „maternale Indikation" als einzige Rechtfertigung für einen Spätabort wurde vom Gesetzgeber auch und gerade deshalb eingeführt, um – eingedenk einer unheilvollen Vergangenheit – jeglicher Diskussion über den Wert ungeborenen Lebens den Boden zu entziehen (Weingart et al. 2006).

Die Realität hingegen ist komplexer: Nur selten sind es bedrohliche mütterliche Erkrankungen, die einen Abbruch der Schwangerschaft gebieten. Viel häufiger ist es die Pränataldiagnostik, die den Wunsch nach einer Abtreibung veranlasst, nachdem eine angeborene Fehlbildung beim Fetus erkannt wurde. Sofern die Schwangere durch die pränatale Diagnose (nach angemessener Beratung) unzumutbar belastet erscheint, kann auch hier eine maternale Indikation gestellt und ein Spätabort vorgenommen werden. Es geht in solchen Fällen um die schwierige Güterabwägung zwischen dem Lebensrecht des ungeborenen Kindes und der im weitesten Sinne gesundheitlichen Lebenssituation der Schwangeren (Schmitz 2009).

Diese Abwägung wird noch komplizierter, wenn sich – oft infolge zeitaufwendiger Zusatzdiagnostik – die Frage eines Spätaborts erst mit 22 bis 24 Schwangerschaftswochen und damit an der „Grenze der Lebensfähigkeit" stellt, jenseits derer ein Frühgeborenes bereits eine reelle Überlebenschance hätte. Dann nämlich ist vor dem eigentlichen Schwangerschaftsabbruch ein sogenannter intrauteriner Fetozid üblich, um ein „unbeabsichtigtes Überleben" des Kindes zu vermeiden. Auch wenn ein solcher später Spätabort rein rechtlich keine Sonderstellung einnimmt, ist er durch die aktive Tötungshandlung an einem lebensfähigen Fetus doch für Ärzte – und Schwangere! – besonders belastend (Heider u. Steger 2014; Schmitz 2009).

Um dem indikationsstellenden und dem durchführenden Arzt (die zur Wahrung des „Vier-Augen-Prinzips" nicht dieselbe Person sein dürfen) hierbei eine zusätzliche Beratung und Rückversicherung zu gewähren, wurde am Universitätsklinikum Hamburg-Eppendorf eine Perinatale Ethikkommission eingerichtet, die immer dann, wenn über einen späten Spätabort zu entscheiden ist (was etwa drei bis fünf Mal pro Jahr vorkommt) zusammengerufen wird. Es handelt sich um ein multidisziplinäres, mit den Leitern der jeweiligen Disziplinen oder ihren Stellvertretern besetztes Gremium, sodass, wenn die Kommission zusammentritt, eine beachtliche Lebens- und Berufserfahrung versammelt ist.

Die Sitzungen beginnen mit einer Darstellung der Problemlage aus pränatalmedizinischer Sicht, ergänzt um Informationen von humangenetischer und neonatologischer Seite. Bei selteneren Diagnosen mit ungewisser Langzeitprognose werden mitunter auch Kollegen weiterer Fachgebiete (zum Beispiel Kinderkardiologie) hinzugeladen. Im Anschluss schildert ein Vertreter der Psychiatrie seine Eindrücke aus dem Explorationsgespräch, dem sich alle betroffenen Patientinnen unterziehen müssen. Dies ermöglicht eine Bewertung der sozialen Lebensumstände und psychischen Ressourcen der Schwangeren, ohne ihr eine „tribunalartige" Anhörung durch die Kommission zuzumuten. Der psychiatrische Berichterstatter nimmt jedoch, um keinen Gewissenskonflikten ausgesetzt zu sein, nur als Gast an der Kommissionssitzung teil. Die Bewertung der psychosozialen Lage erfolgt durch die offiziellen Vertreter der Psychiatrie einerseits und der Kinder- und Jugendpsychiatrie andererseits; erstere haben eher die Erwachsenen-Psychopathologie, letztere mehr die Eltern-Kind-Beziehung im Blick. Das Schicksal gefährdeter Familien ist oft auch Gegenstand der rechtsmedizinischen Lageeinschätzung. Die Repräsentanten des Geschäftsbereichs Recht wachen darüber, dass die juristischen Vorgaben erfüllt sind. Aus der Perspektive der teilnehmenden Hebamme ergeben sich wertvolle Einsichten in die Befindlichkeit der Frau in dem aktuellen Schwangerschaftskonflikt. Von den Mitarbeitenden der Klinischen Ethik schließlich wird der Fall nach grundlegenden moralischen Kategorien durchleuchtet.

In den Sitzungen, die 45 bis 90 Minuten dauern, entspannt sich regelmäßig eine äußerst angeregte Diskussion, deren Fokus entsprechend der Gesetzeslage nicht darauf liegt, die pränatale Diagnose zu bewerten. Vielmehr geht es darum, diese zu verstehen und ihre Bedeutung für die betroffene Schwangere und ihre Familie, unter Berücksichtigung der psychischen und sozialen Ressourcen, einzuschätzen. Am Ende dieser Diskussion steht ein Votum – keine „Indikation", diese obliegt allein dem indikationsstellenden Arzt –, über das nicht abgestimmt, sondern das in Form eines Meinungsbildes erarbeitet wird. Hierzu werden die Kommissionsmitglieder reihum gebeten, ihre Einschätzung zu äußern. So hat jedes Mitglied die Möglichkeit zu differenzieren, ob es der Durchführung eines späten Spätabortes zustimmen, diesen ablehnen oder sich trotz eigener Vorbehalte dem Willen der Schwangeren „nicht widersetzen" würde. Diese individuellen Statements werden namentlich protokolliert. Auf ihrer Grundlage unterbreitet der Kommissionsvorsitzende einen Formulierungsvorschlag für ein gemeinsames Votum, das – wenn sich alle darin wiederfinden – so ins Protokoll aufgenommen wird. Eine Besonderheit der Beratungspraxis ist ferner das „Vetorecht", das jedem Kommissionsmitglied zugebilligt wird. Sollte ein Teilnehmer im Laufe der Diskussion zu der Auffassung gelangen, dass er es mit seinem Gewissen unter keinen Umständen vereinbaren könnte, an einem billigenden Votum mitgewirkt zu haben, darf er das geltend machen. Es ist ein ungeschriebenes Gesetz der Perinatalen Ethikkommission, dass dann auch das gemeinsame Votum ablehnend ausfällt, selbst wenn die Mehrzahl der übrigen Teilnehmenden zugestimmt hätte.

In den zurückliegenden zehn Jahren sind zu etwa zwei Drittel zustimmende beziehungsweise „nicht-widersetzende" und zu einem Drittel ablehnende Voten ergangen. Letztere werden den Betroffenen, auf Wunsch im Beisein des Kommissionsvorsitzenden, mündlich erläutert. Das Spektrum der Reaktionen reicht von Enttäuschung und Wut, nicht selten verbunden mit der Ankündigung, sich an andere – gegebenenfalls ausländische – Kliniken zu wenden, bis hin zu einer greifbaren Erleichterung der Schwangeren, einen Abbruch, zu dem sie sich insgeheim durch ihre Umgebung gedrängt gefühlt hätte, doch nicht vornehmen lassen zu „dürfen".

Über die Sitzungen der Perinatalen Ethikkommission werden sehr ausführliche Protokolle erstellt. Den betroffenen Patientinnen und ihren Familien werden sie zum Schutz der Kommissionsmitglieder nicht zugänglich gemacht. Auch die Staatsanwaltschaft erhält nach dem intrauterinen Fetozid nur eine knappe Bescheinigung darüber, dass eine Beratung durch die Perinatale Ethikkommission „stattgefunden hat". Durch die detailgetreuen

Niederschriften soll Zeugnis darüber abgelegt werden, dass hier zumindest keine voreiligen Voten ausgesprochen wurden. Blickt man in die dunkle Vergangenheit von vor 80 Jahren zurück, so wird als Rechtfertigung für die Mitwirkung an aus heutiger Sicht unbegreiflichen Taten oft angeführt, dass man sich der vorherrschenden Mehrheitsmeinung nicht habe entziehen können. Durch die namentliche Protokollierung wird deshalb hier allen Kommissionsmitgliedern die Gelegenheit gegeben, ihre persönliche Sicht der Dinge gewissermaßen für die Nachwelt festzuhalten. Durch das „Vetorecht" sind sie zudem definitiv dem Zwang enthoben, jemals ein Votum gegen die eigene moralische Überzeugung mittragen zu „müssen".

Allein die Teilnahme an einer Beratung durch die Perinatale Ethikkommission führt oft zu einer Klärung im Ringen mit sich selbst.

Viel Zeit und Aufwand also, aber mit welchem Nutzen – wo doch eine Perinatale Ethikkommission von Rechts wegen gar nicht notwendig wäre (Wernstedt et al. 2005)? Tatsächlich haben die Voten der Ethikkommission „nur" beratenden Charakter und ersetzen, wie schon erwähnt, nicht die ärztliche Indikationsstellung. Prinzipiell sind sowohl der indikationsstellende als auch der durchführende Arzt in ihrer Entscheidung frei: Sie könnten, was praktisch nicht vorkommt, den Eingriff trotz eines abratenden Votums vornehmen oder, was durchaus schon vorgekommen ist, trotz eines „nichtwidersetzenden" Votums ablehnen. Allein die Teilnahme an der Fallberatung, in der alle nur erdenklichen Argumente ausgetauscht werden, führt – ganz abgesehen von dem eigentlichen Votum – oft zu einer Klärung im Ringen mit sich selbst. Immer und bei allen Kommissionsmitgliedern klingen freilich auch Zweifel nach, etwa darüber, ob sich nicht durch die Hintertür der maternalen doch eine fetale Indikation eingeschlichen hat. Oder auch darüber, wie die Schwangere mit der – vermutlich oft unterschätzten – psychischen Traumatisierung durch den späten Spätabort fertig werden wird. Solche und andere Fragen sind Gegenstand der fallunabhängigen Beratungen, zu denen sich die Kommission in lockeren, circa einjährigen Abständen trifft. Und doch: Allen persönlichen Zweifeln zum Trotz hat das Wissen darum, dass über späte Spätaborte erst nach einer sehr eingehenden Beratung durch die Perinatale Ethikkommission entschieden wird, das Gefühl des Mittragen-könnens im gesamten pränatalmedizinischen Team, das die betroffenen Frauen auf ihrem schwierigen Weg begleitet, nachhaltig gestärkt. Insofern hat das nicht Notwendige hier – in einem Bereich, in dem eine scheinbar klare Rechtslage auf eine hochkomplexe, oftmals tragische Lebenswirklichkeit trifft – eine große Nützlichkeit unter Beweis gestellt.

4.4 Ethik-Fortbildungen am UKE

Ethisch verantwortliches Handeln ist eine Voraussetzung für eine qualitativ hochwertige Patientenversorgung. Die damit verbundenen Anforderungen richten sich an alle, die den Krankenhausalltag gestalten. Versorgungsqualität etabliert sich nur dann nachhaltig in einer Einrichtung, wenn die dafür notwendigen Ethik-Kompetenzen kontinuierlich gefördert werden. In diesem Sinne werden ethische Themen und Kompetenzen zum Bestandteil des Wissensmanagements eines Unternehmens (Teichmann 2019). Diesen Anspruch verfolgt das UKE in der Gestaltung des Arbeitsfeldes Ethik-Fortbildungen.

Die Verantwortung obliegt dabei gleichermaßen der Vorstandsbeauftragten für Klinische Ethik wie dem KEK. Der „rote Faden" durch die Zusammenstellung der verschiedenen Schulungsformate wird regelmäßig im Rahmen der Vollversammlungen des Gremiums gesponnen. Das hat den Vorteil, dass alle KEK-Mitglieder die Bedarfe an Schulungsmaßnahmen, die sie in ihren eigenen Verantwortungsbereichen feststellen, in die Beratungen einfließen lassen können. In den dort geführten Diskussionen wird auch regelmäßig die Frage erörtert, welche Formate sich am besten dazu eignen, die Mitarbeitenden im klinischen Alltag zu erreichen. Zugleich wirken die KEK-Mitglieder als Multiplikatoren für die Vermittlung der angebotenen Ethik-Fortbildungen in die Breite des Hauses. Die Konzeption und Durchführung der Veranstaltungen wiederum verantwortet maßgeblich die Vorstandsbeauftragte für Klinische Ethik.

Eine große Rolle spielt darüber hinaus, dass der Vorstand des UKE diesen Arbeitsbereich konsequent fördert und dass die Klinische Ethik sich innerhalb des Gesamtklinikums vernetzt. Der Vorstand benennt die Klinische Ethik regelmäßig als strategisches Entwicklungsfeld des Hauses. In der Umsetzung drückt sich das beispielsweise darin aus, dass Ethikthemen in viele Fortbildungsreihen eingehen und dass die Vorstandsmitglieder sich in die zentralen Veranstaltungen aktiv einbringen. Die Umsetzung von Ethik-Fortbildungen profitiert zudem von der Unterstützung durch die UKE-Akademie für Bildung und Karriere (ABK), die unter anderem das Fortbildungswesen und Veranstaltungsmanagement im Haus organisiert. Durch diese Rahmenbedingungen kann sich die Klinische Ethik auf Konzeption und Durchführung fokussieren und ein breites Portfolio verschiedener Ethik-Fortbildungen aufstellen. Im Weiteren werden drei Formate vorgestellt, die am UKE fest etabliert sind und einen breiten Personenkreis erreichen. Darüber hinaus gibt es viele kleinere Schulungsangebote, die auf die speziellen Bedarfe der einzelnen Bereiche angepasst sind. Sie reichen von einzelnen Vorträgen bis hin zu ganzen Teamtagen.

4.4.1 Hamburger Weiterbildung „Berater*in für Ethik im Gesundheitswesen“

Die Akademie für Ethik in der Medizin (AEM) fordert für Ethik-Fallberatungen eine Basisqualifikation. Diese wird in einer mehrtägigen Schulung erworben, die Grundkenntnisse in medizinethischen Theorien, Organisationsethik und Techniken der Ethischen Fallberatung vermittelt (AEM 2019). Entsprechende Kurse werden mittlerweile vielerorts angeboten (www.aem-online.de). Lange Zeit gab es keine derartige Weiterbildung in Hamburg und Umgebung. Um das zu ändern, konzipierten das UKE, und hier die Vorstandsbeauftragte für Klinische Ethik sowie die Akademie für Bildung und Karriere, in Kooperation mit der Arbeitsstelle für Ethik im Gesundheitswesen (aeg) des Kirchenkreisverbands Hamburg (KKVHH) die Hamburger Weiterbildung „Berater*in für Ethik im Gesundheitswesen“.

Die Konzeption des Kurses orientierte sich an den Vorgaben der AEM und wurde durch die Fachgesellschaft zertifiziert. Das Konzept setzt über curriculare Vorgaben hinaus eigene Akzente. Dazu gehört die Vermittlung der Problematik der organisationalen Durchdringung und damit verbundener Gestaltungsstrategien in allen Kurselementen. Großen Wert legt das Konzept auch auf Selbsterfahrung und eine Lernumgebung, die interdisziplinären Austausch intensiv anregt. Dazu wird bei der Zusammenstellung der Teilnehmenden nach Möglichkeit auf eine ausgewogene Mischung Angehöriger unterschiedlicher Berufsgruppen, Fachdisziplinen und Tätigkeitsfelder geachtet. Außerdem setzt sich das Dozententeam interdisziplinär zusammen, mit zurzeit zwei Ethikern, einer Ärztin und einem Theologen. Die Weiterbildung gliedert sich in drei Module: Das erste befasst sich mit den Grundlagen Klinischer Ethik. Das zweite vermittelt und übt Techniken der Ethik-Fallberatung ein. Das dritte setzt den Schwerpunkt auf die Vor- und Nachbereitung von Ethik-Fallberatung sowie auf organisationsethische Themen, wozu die Arbeit an Ideen für Ethik-Interventionen gehört, die von den Teilnehmenden eingebracht werden.

Die Kurse sind in der Regel auf 20 Teilnehmende begrenzt. Zielgruppe sind Mitarbeitende in Krankenhäusern und anderen Einrichtungen des Gesundheitswesens, die sich in ihrer Tätigkeit mit patientenorientierten, ethischen Fragestellungen befassen. Die Gruppe der Teilnehmenden besteht aus UKE-Mitarbeitenden und Externen. Seit 2016 haben sieben Weiterbildungen stattgefunden: Etwa alle neun Monate startet ein neuer Kurs. Diese dichte Abfolge hat sich für die Förderung der Ethikkompetenzen von Mitarbeitenden am UKE bewährt. Aktuell haben etwa 50 Mitarbeitende des UKE diese Qualifikation erworben. Sie bilden eine wichtige Ressource für den Ethiktransfer am UKE (s. Kap. 4.6.1 *Ethik-Mentoren und -Mentorinnen*).

4.4.2 Tage der Ethik – Vorträge, Workshops und Austausch über komplexe ethische Fragestellungen

Bei den Tagen der Ethik handelt es sich um ein verhältnismäßig aufwendiges Fortbildungsformat, mit dem Impulse in das UKE gesetzt werden. Zugleich richtet es sich aber auch an einen breiteren Interessentenkreis. Die Tage der Ethik am UKE laden ein, über ethische Fragestellungen zu diskutieren. Dabei sollen Personen in Kontakt gebracht und Reflexionsräume geöffnet werden. Das soll einen Austausch ermöglichen, der sich in den schnelllebigen Prozessen des Krankenhausalltages häufig nicht leicht ergibt. Ziel ist eine nachhaltige Wirkung auf den Ethikdiskurs im UKE. Entsprechend zählen zur Zielgruppe vorrangig UKE-Mitarbeitende. Darüber hinaus werden aber auch Angehörige anderer Kliniken beziehungsweise Gesundheitsreinrichtungen angesprochen sowie Patientinnen und Patienten, Angehörige und die interessierte Öffentlichkeit.

Die Tage der Ethik sind ein Mischformat. Dazu gehören Fachvorträge von externen Ethikexperten und von UKE-Mitarbeitenden ebenso wie Workshops, in denen Themen vertieft werden können und die Raum für Interaktion bieten. Zu den Bestandteilen des Konzeptes gehören aber auch die Pausenzeiten. Sie dienen als Bühne für niedrigschwellige Begegnungen. Neu im Konzept ist eine Postersession, in deren Rahmen einzelne UKE-Projekte vorstellt werden. Besonders wichtig für den Charakter der Ethik-Fortbildung ist die regelmäßige Teilnahme des Ärztlichen Direktors und des Direktors für Patienten- und Pflegemanagement. Beide halten Impulsvorträge und sprechen während der Diskussionen und Pausen mit den Teilnehmenden. Für den Ethikdialog am UKE ist das sehr wertvoll. Die Veranstaltungen sind tagfüllend angelegt. Sie können ganz oder in Teilen besucht werden. So können möglichst viele UKE-Mitarbeitende teilnehmen – auch jene, die dafür keinen Fortbildungstag einrichten können.

Die Tage der Ethik am UKE stehen unter einem Motto bzw. einem übergeordneten Thema, das sich an den laufenden Arbeitsschwerpunkten der Klinischen Ethik am Hause orientiert. Es wird gemeinsam vom KEK und von der Vorstandsbeauftragten für Klinische Ethik festgelegt. Das Format fand zwischen 2017 und 2020 dreimal statt (www.uke.de/klinische-ethik). Da die Vorbereitungen sehr aufwendig sind, nimmt die Vorbereitung ein bis eineinhalb Jahre in Anspruch. Das Motto im ersten Jahr lautete „Ethik geht uns alle an!“ und bezog sich auf das Selbstverständnis der Klinischen Ethik am UKE nach der Erweiterung 2014. Diese Veranstaltung sollte die Neuerung in das Klinikum hinein bekanntmachen. Entsprechend waren die einzelnen Programmpunkte ausgerichtet auf die Grundlagen der Klinischen Ethik und deren Umsetzung am UKE.

Das Thema des zweiten Tages der Ethik lautete „Auf Augenhöhe aushandeln“. Der Tag widmete sich also den kommunikativen Dynamiken, in die die Patientenversorgung eingebettet ist und die die Grundlagen für patientenorientiertes Handeln bilden. Der dritte Tag der Ethik im Frühjahr 2020 trug eine Frage im Titel: „Wie treffen wir gute Entscheidungen?“ Damit war ein breiter Bogen gespannt. Der Tag thematisierte den Aspekt der ethischen Bewertung einer Entscheidung und die damit verbundenen Verantwortlichkeiten. Der vierte Tag der Ethik ist für den Sommer 2021 geplant. Er trägt den Titel „Klinische Ethik in bewegten Zeiten“ und widmet sich den Auswirkungen der Covid-19-Pandemie auf die Klinische Ethikarbeit.

4.4.3 Ethik als Bestandteil von Führungskräfteschulungen

Die Entwicklung von Führungskompetenzen genießt am UKE hohe Priorität. Entsprechend gibt es verschiedene Führungsprogramme, Seminare und Workshops, die auch Themen der Klinischen Ethik aufgreifen. Zu den umfangreicheren Basisqualifikationen zählen das „Führungsprogramm für Ärzte/-innen: Ärztliche Führung“ und die „Leitungsqualifizierung für Gesundheitsfachberufe“ (Teichmann 2017). Beide räumen dem Thema Ethik einen halben Schulungstag ein. Hauptinhalt ist jeweils der Zusammenhang zwischen einer patientenorientierten Versorgung, in der mit moralischen Dilemmata kompetent umgegangen wird, und der Verantwortung, die Führungskräfte dabei übernehmen. Das basiert auf der Annahme, dass die Möglichkeiten eines Individuums, innerhalb einer Organisation moralisch zu handeln, maßgeblich von den organisationalen Rahmenbedingungen abhängen. Diese werden von Führungskräften entscheidend mitgestaltet. Beide Fortbildungsformate werden zu einem großen Teil von UKE-Mitarbeitenden besucht. Dadurch vermitteln diese Schulungen nicht nur Inhalte und trainieren Techniken. Sie fördern zugleich auch die organisationale Durchdringung. Sie informieren über die Angebote der Klinischen Ethik und stellen deren Effekte auf den jeweiligen Verantwortungsbereich der Teilnehmenden zur Diskussion.

Ein deutlich kompakteres Schulungsformat stellt der sogenannte „Führungsschein“ dar. Hier erhalten Personen, die am UKE eine Führungsposition übernehmen, eine erste Einstiegsschulung (Fandel-Meyer 2017). Auch dieses Format thematisiert die Klinische Ethik, allerdings begrenzt auf die Darstellung der Strukturen und Aufgabenschwerpunkte am UKE. Die Klinische Ethik präsentiert sich hier in Form eines Marktplatzstandes: In Kleingruppen erhalten die Teilnehmenden einen kurzen Überblick und haben danach die Möglichkeit, nachzufragen, sich auszutauschen und zu diskutieren. Die Informationsvermittlung und Förderung organisationaler Durchdringung stehen dabei im Vordergrund.

4.5 Ethik-Leitlinien am UKE

Die Entwicklung von Ethik-Leitlinien ist am UKE eine zentrale Aufgabe der Klinischen Ethik. Das KEK ist dabei entweder federführend oder beratend beteiligt. Die Erarbeitung erfolgt in einem definierten Prozess und gliedert sich in folgende Zwischenschritte: Benennung von Thema und Arbeitsziel, Auftragsklärung, Erarbeitung, Abstimmung, Verabschiedung durch das KEK, formale Inkraftsetzung und Evaluierung (Neitzke et al. 2015).

Die Erfahrung hat gezeigt, dass meist aus dem Gremium heraus formuliert wird, welche Themen das KEK aufgreift. Prinzipiell ist es aber auch möglich, dem KEK Themen zur Bearbeitung vorzuschlagen. In jedem Fall steht zu Beginn der Erarbeitung einer Ethik-Leitlinie ein formaler Beschluss, den das KEK im Rahmen einer Vollversammlung trifft. Der Beschluss beinhaltet auch Angaben zur Zusammensetzung der Arbeitsgruppe, die ein Thema umsetzen soll. Diese muss auch Personen aus den Bereichen umfassen, die von den Inhalten der Leitlinie in besonderer Weise betroffen sind. Darüber hinaus wird schon zu diesem Zeitpunkt festgelegt, mit welchen Abteilungen beziehungsweise Personen vor Beginn und im Verlauf Absprachen über das Vorhaben getroffen werden müssen (s. Kap. 3.4 *Auftragsklärung*). Der Vorstand des UKE wird immer in den Abstimmungsprozess mit einbezogen. Auch die Rechtsabteilung und das Qualitätsmanagement werden in aller Regel eingebunden. Dieses Vorgehen stellt einen Ausgleich her zwischen der Weisungsungebundenheit des KEK und seiner institutionellen Einbindung in das Klinikum (s. Kap. 3.3 *Strukturen, Arbeitsfelder und Ethik-Interventionen*) und fördert den Transfer einer in eine Leitlinie gefassten ethischen Norm in die tägliche Praxis (Sisk et al. 2020).

Die Ausarbeitung folgt nach einem Arbeitsrhythmus der jeweils dem Thema angepassten ist. Das KEK wird über den Verlauf kontinuierlich informiert und um Feedback gebeten. Bevor das Gremium eine Ethik-Leitlinie formal verabschiedet, sind zwei Lesungen vorgesehen. Das bedeutet, dass sich das KEK zweimal mit dem Gesamttext auseinandersetzt. Die Arbeitsgruppe muss die dabei eingebrachten Anmerkungen in der weiteren Ausarbeitung berücksichtigen. Abschließend wird die Ethik-Leitlinie in einer Vollversammlung vom KEK verabschiedet. Um beschlussfähig zu sein, muss mindestens die Hälfte der Mitglieder anwesend sein. Es gilt die einfache Mehrheit. Ein Konsens wird angestrebt. Ist dieser nicht zu erreichen, wird das Minderheitenvotum dokumentiert. Damit tritt eine Ethik-Leitlinie aber noch nicht in Kraft. Die Beschlüsse des KEK sind eine Empfehlung an den Vorstand beziehungsweise an die Klinikleitungen, die damit bezeichneten Inhalte in verbindliche Standards umzusetzen.

Wurde eine Ethik-Leitlinie vom Vorstand beziehungsweise einer Klinikleitung formal in Kraft gesetzt, erhält sie den Rang einer Verfahrensanweisung beziehungsweise Standard Operation Procedure (SOP). Das macht sie zum verbindlichen Dokument für den entsprechenden Bereich, dessen Umsetzung im Rahmen des Qualitätsmanagements begleitet wird. Über die QM-Prozesse ist zugleich sichergestellt, dass die Aktualität in festgelegten Zeiträumen überprüft wird. Dabei handelt es sich um eine Aufgabe, die wiederum das KEK übernimmt. Die Einbindung der Ethik-Leitlinien in das QM-System stellt somit einen wesentlichen Baustein zur Implementierung und Evaluierung dieser Dokumente dar. Das KEK hat in den vergangenen Jahren verschiedene Verfahrensanweisungen erarbeitet. Nachfolgend werden drei davon vorgestellt, die exemplarisch die Bandbreite der dadurch bearbeitbaren Themen veranschaulichen.

4.5.1 Ethische Grundsätze zur Beachtung des Patientenwillens bei der Behandlung von Kindern und Jugendlichen

Die erste hier vorgestellte Ethik-Leitlinie beschäftigt sich mit der angemessenen Berücksichtigung des Patientenwillens und damit des moralischen Wertes Autonomie bei der Behandlung von minderjährigen Patientinnen und Patienten. Das Dokument nimmt somit ein schwieriges Spannungsfeld in den Blick: Kinder und Jugendliche haben ab einem gewissen Alter ein deutliches Bewusstsein dafür, was für sie in einer konkreten Situation richtig und gut ist, welche Behandlungen sie wünschen und welche nicht. Aber je nach Alter, Entwicklungsstand, individuellen Fähigkeiten und Vorerfahrungen sind Kinder und Jugendliche in unterschiedlichem Ausmaß in der Lage, eine Situation in aller Konsequenz zu erfassen und davon ausgehend das für sie moralisch Richtige zu bestimmen sowie entsprechend eigenverantwortlich zu entscheiden und zu handeln. Die Ethik-Leitlinie beschäftigt sich somit mit dem Spannungsfeld zwischen Autonomie(-fähigkeit) und dem Recht auf Teilhabe auf der einen und einem sogenannten weichen Paternalismus auf der anderen Seite. Das bezeichnet konkret Entscheidungen, die zwar in fürsorglicher Absicht und unter Beachtung des Kindeswohls getroffen werden, dabei aber gegen den aktuell geäußerten Willen des Minderjährigen verstoßen. Vereinfacht gesagt geht es um die Abwägung zwischen Kindeswohl und Kinderwillen (Wiesemann 2003). Das soll an zwei fiktiven Beispielen verdeutlicht werden:

Fallbeispiel 7

Die 14-jährige Hanna ist schon lange schwer erkrankt. Nun lehnt sie eine indizierte Maßnahme vehement und begründet ab (zum Beispiel eine weitere Chemotherapie). Die behandelnden Ärzte befürworten die Maßnahmen, weil sie auch das weitere Wohlergehen des Kindes vor Augen haben und die aktuellen Belastungen gegen die Konsequenzen einer Nichtbehandlung abwägen. Die Eltern schließen sich dem an.

Fallbeispiel 8

Der 7-jährige Paul frühstückt gerade, als er zur Blutentnahme gebeten wird. Diese Diagnostik ist medizinisch dringend notwendig und von den Eltern befürwortet. Ein anderer Zeitpunkt ist aufgrund der engen Taktung auf der Station schlecht möglich. Paul wehrt sich mit aller Kraft, noch bevor ihm klar wird, dass „gepikst" werden soll. Er will jetzt essen, und „gepikst" werden will er ohnehin nicht. Schließlich wird die Blutentnahme gegen seinen heftigen Willen und unter Anwendung von Zwang (Festhalten) durchgeführt.

Bei der hier vorgestellten Ethik-Leitlinie handelt es sich um eines der ersten Projekte, die die Klinische Ethik nach ihrer Neuaufstellung 2014 verantwortete. Die Idee dazu wurde aus dem KEK heraus entwickelt. Den Anstoß dazu gab die Beschäftigung mit moralischen Dilemmata, wie sie in den Fallbeispielen 7 und 8 beschrieben sind. Die Erarbeitung erfolgte in einem zunächst offenen Prozess mit dem Auftrag, die Besonderheiten bei der Berücksichtigung der Autonomie von Kindern und Jugendlichen in therapeutischen Entscheidungen aus ethischer Perspektive zu diskutieren und eine Arbeitshilfe für den Klinischen Alltag zu entwickeln.

Der Arbeitsgruppe gehörten neun Personen an: neben KEK-Mitgliedern Mitarbeitende aus verschiedenen Bereichen der pädiatrischen Versorgung am UKE und zusätzlich eine Mitarbeiterin des GB Recht. Das Vorhaben wurde initial und im Verlauf sorgfältig mit allen ärztlichen und pflegerischen Leitungen der pädiatrischen Kliniken abgestimmt. Der Arbeitsprozess dauerte bis zur Verabschiedung der „Ethischen Grundsätze" in Form einer Verfahrensanweisung durch den UKE-Vorstand insgesamt zwei Jahre. Im Arbeitsverlauf wurde deutlich, dass das Thema einen derart komplexen ethischen Sachverhalt berührt, dass die Arbeitsgruppe das Ergebnis ausschließlich als Wertekanon formulierte und Abstand nahm vom ursprünglichen Vorhaben, eine Arbeitshilfe vergleichbar einem Handlungsalgorithmus zu entwickeln. Die Fallbeispiele 7 und 8 dienten neben vielen weiteren als Ausgangspunkt für das gemeinsame Nachdenken. Die beteilige Juristin begleitete den gesamten Prozess. Auf diese Weise ließ sich der rechtsnormative Rahmen der Fragestellung sowie die im Konflikt miteinander stehenden Rechtsgüter klar definieren. Das Gremium konnte so den Bereich des mit ethischen Maßstäben zu erfassenden Ermessensspielraums bestimmen (Wapler 2015).

Das Ergebnis der Arbeit ist eine Verfahrensanweisung, die im Kern fünf ethische Grundsätze aufstellt. Diese sollen Orientierung beim Umgang mit dem ethischen Spannungsfeld geben und zeigen, auf welche moralischen Werte sich die Versorgung von Kindern und Jugendlichen am UKE stützt. Die fünf Grundsätze sind als Einheit zu verstehen: Angewandt auf den Einzelfall sind alle zu berücksichtigen. Kein Grundsatz ist prinzipiell bedeutsamer als die anderen – auch wenn möglicherweise nicht alle gleichermaßen umgesetzt werden können. Damit soll bezogen auf das konkrete Einzelschicksal der Umgang mit moralischen Dilemmata und der Ausgleich gegensätzlicher Bedürfnisse erleichtert werden. Es handelt sich um folgende fünf Grundsätze:

1. Das Wohl der Kinder und Jugendlichen steht an erster Stelle.
2. Kinder und Jugendliche haben ein Recht auf Achtung ihrer Würde. Das realisieren wir durch konsequenten Respekt gegenüber ihrer Person und durch Anerkennung ihrer speziellen Bedürfnisse.
3. Kinder und Jugendliche haben ein Recht auf Selbstbestimmung. Entsprechend ihrem Alter und ihrer Reife unterstützen wir sie bei der Wahrnehmung dieses Rechtes.
4. Kinder und Jugendliche haben ein Recht auf Information. Deswegen bringen wir sie auf einen ihrem Alter und ihrer Reife angemessenen Wissensstand.
5. Kinder und Jugendliche sind in ihrem Wohlergehen existenziell auf ihre Bezugspersonen und ihre familiären Beziehungen angewiesen. Das behalten wir bei der Versorgung von Kindern und Jugendlichen immer im Blick.

Grundannahme dabei ist, dass Kinder und Jugendliche moralische Rechte und Kompetenzen besitzen, die denen von Erwachsenen zwar ähneln, sich aber doch in einem wesentlichen Punkt unterscheiden (Wiesemann 2016). Denn Kinder und Jugendliche sind je nach Alter, Entwicklungsstand, individuellen Fähigkeiten und Vorerfahrungen in unterschiedlichem Ausmaß in der Lage, eine medizinische Versorgungsfrage in aller Konsequenz zu erfassen und davon ausgehend das für sie moralisch Richtige zu bestimmen sowie entsprechend eigenverantwortlich zu entscheiden und zu handeln. Sie sind daher in besonderem Maße schutzbedürftig. Es bedarf eines sensiblen Umgangs mit der Wahrung ihres Willens. Der Ausgleich zwischen diesem besonderen Schutzanspruch und der Berücksichtigung ihrer moralischen Rechte und Kompetenzen muss am Anfang aller Überlegungen und

Entscheidungen stehen, die in der medizinischen Versorgung von Kindern und Jugendlichen getroffen werden.

Die VA umfasst neben den „Ethischen Grundsätzen" auch eine Präambel und eine Erläuterung zu jedem einzelnen Grundsatz. Sie sind jeweils verbunden mit kurzen Fallbeispielen. Abschließend werden die Zielgruppen des Dokuments und die ihnen jeweils zugeschriebenen moralischen Rechte und Pflichten benannt. Das beinhaltet auch die ausdrückliche Einladung, gemeinsam über die Inhalte des Dokuments zu sprechen und über die Vorstandsbeauftragte für Klinische Ethik konstruktives Feedback mitzuteilen.

Nach der Verabschiedung der VA im Jahr 2016 [VA 1.04.21] begann die zweite Phase: Damit die „Ethischen Grundsätze" im Klinischen Alltag verbindlich verankert werden können, müssen Arbeitshilfen die Inhalte von der abstrakten Ebene auf die Ebene des praktischen Entscheidens und Handelns überführen. Diese Aufgabe wird vom KEK nur begleitet und vorrangig von den pädiatrischen Kliniken übernommen. Ein erster Schritt dazu war die Bearbeitung des Themas im Rahmen des Tages der Ethik am UKE im Sommer 2017: In einem Workshop wurden die „Ethischen Grundsätze" vorgestellt. Dazu wurden Ideen für konkrete Handlungshilfen entwickelt. In einem Vortrag wurde die VA einem breiten Publikum vorgestellt. Aktuell wird die Übertragung auf die pädiatrischen Intensivstationen ausgearbeitet. Zudem steht turnusgemäß eine Revision des Dokuments an. Insgesamt stellt die Implementierung eines so grundlegenden Ansatzes einen komplexen organisationsethischen Prozess dar, der sicherlich noch einige Zeit in Anspruch nehmen wird. Die Ethik-Fallberatung wendet die Grundsätze dagegen bereits an. Die Ethik-Fallberater wurden zu den Inhalten der VA geschult. Bei pädiatrischen Fragestellungen werden die „fünf ethischen Grundsätze" ergänzend zu den durch Beauchamp und Childress formulierten Prinzipien in die Moderation eingeflochten (Beauchamp u. Childress 2013).

4.5.2 Patientenverfügung und Therapiezieländerung

Die beiden anderen Verfahrensanweisungen widmen sich einem gänzlich anderen Thema. Auch sie stammen aus der Anfangsphase der KEK-Arbeit am UKE. Demnächst steht ihre Überarbeitung an. Sie beschäftigen sich mit der Einbindung der Vorsorgedokumente Patientenverfügung und Vorsorgevollmacht in die Versorgungsprozesse am UKE sowie mit den Entscheidungsprozessen in Verbindung mit Therapiezieländerungen und Therapiebegrenzungen. Das nachfolgende Fallbeispiel 9 gibt einen Eindruck davon, wie sich die dahinterstehende Problematik in der Patientenversorgung darstellt.

Fallbeispiel 9

Frau Treibel (64), verheiratet, ein erwachsener Sohn, ist an Brustkrebs erkrankt. Die Erstdiagnose wurde vor neun Jahren gestellt. Der Tumor hat Metastasen gestreut, doch zurzeit ist die Entwicklung unter antihormoneller Therapie stabil. Geschwächt wie sie ist, hat sich Frau Treibel nun noch eine Lungenentzündung zugezogen und befindet sich deshalb seit einer Woche im Krankenhaus. Ihr Zustand ist kritisch. Aktuell ist sie kaum bis gar nicht ansprechbar und leidet an einer schweren Atemnot. Die behandelnden Ärzte möchten ihr gern mit einer Intubation und Beatmung über die akute Krise helfen. Über die medizinische Prognose sind sich die Ärzte unsicher: Die Einschätzungen reichen von „gut" bis „dauerhaft reduzierter Allgemeinzustand und eingeschränkt mobilisierbar".

Es liegt eine Vorsorgevollmacht vor, die auf den Ehemann ausgestellt ist, und eine Patientenverfügung, die Frau Treibel anlässlich der Erstdiagnose verfasst hat. In dieser heißt es: *„[...] bei einer fortschreitenden unheilbaren Erkrankung und wenn keine vernünftige Aussicht auf Genesung mehr besteht, möchte ich keine lebensverlängernden Maßnahmen, vor allem keine künstliche Beatmung."* Nun stellt sich die Frage, wie sich die im Raume stehende Intubation zum mutmaßlichen Patientenwillen verhält. Sowohl der Ehemann als auch der Sohn äußern sich. Der Ehemann ist entsetzt und sagt: *„Meine Frau wollte niemals künstlich beatmet werden und hat das so auch deutlich in ihrer Patientenverfügung festgehalten. Sie wusste, dass sie an einer schweren Erkrankung leidet und hat das akzeptiert." Der Sohn hält dagegen: „Aber jetzt ist der Krebs doch gerade unter Kontrolle! Natürlich würde meine Mutter bei einer Chance auf Besserung eine vorübergehende künstliche Beatmung wollen! Ihr bleibt doch noch Lebenszeit!"*

Dieses fiktive Beispiel beschreibt eine ethisch komplexe Situation, die in dieser Konstellation auf viele Patientenschicksale übertragbar ist. Sie beinhaltet die Fragestellung, welches Therapieziel und damit verbunden, welches konkrete therapeutische Vorgehen für Menschen in einer solchen Situation am besten wäre – und wie sich die Antwort auf diese Frage ethisch begründen lässt.

Die Berücksichtigung der Autonomie des Patienten ist dabei zentral. Befindet sich dieser krankheitsbedingt in einem Zustand eingeschränkter Einwilligungsfähigkeit (der „erklärte Wille" kann somit nicht festgestellt werden) und ist auch keine zutreffende Patientenverfügung vorhanden („vorausverfügter Wille"), muss der „mutmaßliche Wille" ermittelt werden. Dieser ist für alle anstehenden Therapieentscheidungen maßgeblich. Diese Aushandlung soll im Dialog (dialogisches Prinzip) zwischen den behandelnden

Ärzten und dem juristischen Stellvertreter des Patienten (Vorsorgebevollmächtigter oder Betreuer) geschehen und nach Möglichkeit weitere Personen aus dem sozialen Umfeld des Patienten und aus dem Behandlungsteam miteinbeziehen (BÄK 2018).

Das Ziel besteht darin, einen Konsens über das weitere Vorgehen zu finden. Dieser muss a) auf dem mutmaßlichen Willen des Patienten beruhen und dabei b) unter anderem die moralischen Prinzipien „Wohltun", „Nicht-Schaden" und „Gerechtigkeit" achten. Eine zusätzliche Anforderung besteht darin, dass dies in einem umfassenden Dialog zwischen allen Beteiligten geschieht. Das beansprucht naturgemäß einige Zeit und sollte daher möglichst zügig erfolgen, um den Patienten durch eine unnötige Verzögerung nicht möglicherweise vermeidbarem Leid auszusetzen.

Die hier vorgestellten Ethik-Leitlinien beschäftigen sich mit diesem Themenfeld und geben den Behandelnden dafür unterstützende Werkzeuge an die Hand. Die eine [VA 1.04.19] regelt den Umgang mit Patientenverfügungen und Vorsorgevollmachten. In der Verfahrensanweisung werden Vorgaben zur Erfassung und Dokumentation solcher Vorsorgedokumente beschrieben, Hinweise zur Aufklärung darüber gegeben sowie Verantwortliche benannt. Darüber hinaus wird auf eine ebenfalls vom KEK erstellte Aufklärungsbroschüre verwiesen (www.uke.de/klinische-ethik).

Die andere Ethik-Leitlinie [VA 1.04.20] trägt den Titel „Therapiezieländerung und Therapiebegrenzung bei schwersterkrankten Patienten". Sie beschreibt, welche Prozesse die Entscheidungsfindung im Vorfeld von Therapiebegrenzungen herbeiführen sollen, wer daran beteiligt werden muss und welche rechtlichen und ethischen Aspekte zu beachten sind.

Diese Ethik-Leitlinie wurde auf Initiative des KEK und unter Beteiligung weiterer Personen aus den Kliniken und Abteilungen, die besonders von den Regelungen der VA profitieren, in einem gut einjährigen Prozess erarbeitet. Dabei stützte sich die Arbeit auf eine Vorlage, die an der LMU München bereits 2004 in Kraft trat. Sie wurde an die veränderte Gesetzeslage angepasst und weiterentwickelt (Winkler et al. 2012). Bereits in der Erarbeitungsphase wurden die Inhalte laufend mit dem Vorstand, dem GB Recht, dem Qualitätsmanagement und den betroffenen Leitungen abgestimmt. Die abschließenden Entwürfe wurden vom KEK im oben beschriebenen Verfahren beschlossen, dem UKE-Vorstand zur Verabschiedung vorgeschlagen und von diesem in Kraft gesetzt.

Im Zentrum der VA steht ein Entscheidungsalgorithmus, der im Wesentlichen der Vorlage aus München entspricht und dessen Verwendung mit den Autoren abgestimmt wurde. Die am UKE gültige Fassung beinhaltet eine wichtige Ergänzung: Die Frage nach dem richtigen Zeitpunkt für eine Ethik-Fallberatung wurde aufgegriffen und im Entscheidungsalgorithmus integriert. Dieser leitet nun an, in welcher Situation eine solche Beratung in Anspruch genommen werden sollte. Ergänzend dazu beinhaltet die VA eine „ethische Handlungsempfehlung". Sie führt den Themenkomplex umfangreich aus und dient als Grundlage für Schulungsmaßnahmen zum Thema.

Beide Verfahrensanweisungen helfen beim Umgang mit der in Fallbeispiel 9 geschilderten Problematik. Das Vorgehen bei der Erfassung und Dokumentation der Vorsorgepapiere von Frau Treibel ist dort genau beschrieben. Sollte die Patientin bei Aufnahme noch ansprechbar gewesen sein, so leitet sich aus der Verfahrensanweisung 1.4.19 die Aufforderung ab, mit ihr ein konkretisierendes Gespräch über die recht allgemein formulierten Passagen in der Patientenverfügung zu führen. Die Verfahrensanweisung 1.4.20 wiederum beschreibt den Weg der Entscheidungsfindung. Die Patientin ist aber aktuell nicht einwilligungsfähig. Da die Angaben zu ihren mutmaßlichen Behandlungswünschen in der Patientenverfügung vermutlich als zu allgemein, das heißt als unzutreffend, einzustufen sind und in der Familie hierzu ein deutlicher Dissens besteht, bietet sich laut VA an, die Ethik-Fallberatung anzurufen. Das wird in der Ethik-Leitlinie ausdrücklich als Möglichkeit genannt, die Konsensfindung zu unterstützen. Eine formale Pflicht leitet sich daraus nicht ab. Gestaltet sich die Entscheidungsfindung nachhaltig schwierig und konfliktbehaftet, kann über das Betreuungsgericht ein Entschluss veranlasst werden. Dabei handelt es sich aber um den letzten und oftmals hoch eskalativen Schritt. Um ihn zu vermeiden, sollte mit der Ethik-Fallberatung noch eine vermittelnde Instanz eingeschaltet werden.

Literaturtipp

May AT et al. (Hrsg.) (2016) Patientenverfügung. Handbuch für Berater, Ärzte und Betreuer. Springer Berlin/Heidelberg

4.6 Organisationale Durchdringung am UKE

Beim UKE als Krankenhaus der Maximalversorgung handelt es sich um eine sehr große Einrichtung mit einer Vielzahl an medizinischen Fachbereichen, über 500.000 jährlich versorgten Patientinnen und Patienten und mehr als 13.000 Mitarbeitenden. Organisationale Durchdringung ist hier besonders anspruchsvoll. Die Wege sind weit – buchstäblich wie im übertragenen Sinn. Es vergeht viel Zeit, bis sich beispielsweise das Wissen innerhalb des Klinikums verbreitet hat, dass eine Ethik-Fallberatung in Anspruch genommen werden kann. Gleiches gilt für alle anderen Ethikangebote. Die Klinische Ethik am UKE verfolgt das Ziel, die Möglichkeiten zum Austausch über ethische Fragestellungen in den Regelprozessen der Patientenversorgung zu fördern und Ethik damit „ans (Krankenbett)" zu bringen (Pellegrino 1988). Das erreicht sie nur durch ein strukturiertes Vorgehen. Entsprechend befasst sich innerhalb der Klinischen Ethik am UKE ein eigener Arbeitsschwerpunkt mit dieser Aufgabe der organisationalen Durchdringung.

Dazu greift die Ethikarbeit am UKE auf Theorie und Methoden der systemischen Organisationsentwicklung und -beratung zurück (Schuchter et al. 2020). Die Vorstandsbeauftragte für Klinische Ethik fungiert wie eine interne Beraterin. Sie agiert innerhalb ihres Aufgabengebietes auf der Grundlage von Einzelaufträgen aus den verschiedenen Bereichen (Kliniken, Abteilungen, Stationen) für eine zeitlich umgrenzte sowie thematisch festgelegte Zusammenarbeit (Königswieser u. Hillebrand 2015). Im Sinne einer geglückten Durchdringung bedarf es einer regelmäßigen Rückkoppelung zwischen der Vorstandsbeauftragten für Klinische Ethik und den klinischen Bereichen, die ihre Ethikarbeit intensivieren wollen. Dem liegen drei Annahmen zugrunde:

- Ethikreflexion sollte überwiegend in der Regelkommunikation stattfinden (und tut das auch), weshalb ein zentraler Schwerpunkt von Ethikarbeit gerade in der Stärkung eben jener Austauschprozesse liegt.
- Der anfragende Bereich besitzt das bereichsspezifische Experten-Know-how, welches seitens der Klinischen Ethik durch Prozess-Know-how und Ethik-Know-how ergänzt wird.
- Die Klinische Ethik agiert auftragsbezogen: Der anfragende Bereich besitzt die Entscheidungshoheit und legt fest, welche Ethik-Intervention gemessen an den Gesamtanforderungen sinnvoll ist.

Die organisationale Durchdringung wird am UKE mit unterschiedlichen Konzepten und Projekten vorangetrieben. Manche erfolgen unter der Federführung der Klinischen Ethik, an anderen sind die Vorstandsbeauftragte für Klinische Ethik und das KEK beratend oder durch Mitarbeit beteiligt. Drei Projekte werden nachfolgend exemplarisch beschrieben. Sie unterscheiden sich hinsichtlich ihrer Zielsetzung und strukturellen Verortung. Damit geben sie einen guten Einblick in die Vielfalt der Methoden und Konzepte, mit denen die organisationale Durchdringung im Rahmen der Klinischen Ethikarbeit am UKE gefördert wird.

4.6.1 Ethik-Mentoren und -Mentorinnen – Ein Konzept zur Förderung des Ethiktransfers

Die Ethik-Mentoren und -Mentorinnen stellen eine konzeptionelle Antwort auf die oben beschriebene Problematik der organisationalen Durchdringung in einem Großklinikum dar. Das Programm wurde eigens für die Bedarfe des UKE entwickelt. Es orientiert sich zwar an vergleichbaren Modellen, hat aber keine direkte Vorlage. Den Ausgangspunkt bildete die Beobachtung, dass über die Hamburger Weiterbildung „Berater*in für Ethik im Gesundheitswesen" seit 2016 etwa 50 Mitarbeitende eine Basisqualifikation in Klinischer Ethik erhalten hatten (s. Kap. 4.4.1 *Hamburger Weiterbildung „Berater*in für Ethik im Gesundheitswesen"*). Sie wirkten seitdem in ihren jeweiligen Arbeitsbereichen als Multiplikatoren für ethische Themen und wurden von der Vorstandsbeauftragten für Klinische Ethik durch Beratung sowie Vernetzungs- und Schulungsangebote unterstützt. Bei der begleitenden Reflexion zeigte sich, dass ein Rahmen für diese Tätigkeit fehlte, der ihre Bedeutung innerhalb der Gesamtorganisation UKE verdeutlicht und damit Transparenz und Verbindlichkeit stärkt. Ohne einen solchen Rahmen hing die Wirksamkeit der geschulten Personen vor allem von ihrem Engagement ab.

Das KEK übernahm die Ausarbeitung eines entsprechenden Konzeptes. Das Arbeitsziel bestand darin, aus vereinzelten „Ethik-Multiplikatoren" ein klinikweit verbindliches, klar umrissenes Modell zu entwickeln. Die Anregung dazu ging von mehreren Stellen aus. Sie war einerseits Ergebnis der im KEK geführten Diskussionen, wurde zugleich aber auch an das Gremium herangetragen. Letzteres erfolgte sowohl durch den Vorstand des UKE als auch durch diejenigen, die bereits die K1-Schulung durchlaufen hatten.

Die Ausarbeitung benötigte ein gutes Jahr. In die Abspracheprozesse wurden neben dem UKE-Vorstand, dem Geschäftsbereich Recht und dem Qualitätsmanagement vor allem die bereits nach K1-geschulten Personen einbezogen. Die bis dahin als „Ethik-Multiplikatoren" zusammengefasste Gruppe fungierte im Ausarbeitungsprozess als Expertengruppen. Sie wurde initial zu Zielen, Rahmenbedingungen und Aufbau des auszuarbeitenden Konzeptes befragt und im Verlauf mehrfach um Feedback zu Zwischenergebnissen gebeten. Das Projekt wurde im gesamten Ausarbeitungsverlauf regelmäßig im KEK diskutiert. Die Rückmeldungen flossen in die Weiterarbeit ein. Ende 2019 beschloss das KEK das hier vorgestellte Konzept „Ethik-Mentoren und -Mentorinnen am UKE" und schlug es dem Klinikvorstand im Anschluss zur Verabschiedung als Verfahrensanweisung vor [VA 1.04.23].

Das Modell nimmt an, dass zu einer qualitativ hochwertigen Versorgung von Patientinnen und Patienten ein professioneller Umgang mit ethisch komplexen Fragestellungen zählt. Ethik-Mentoren haben die Aufgabe, das in ihren jeweiligen Zuständigkeitsbereich niedrigschwellig zu unterstützen. Sie tragen somit im Sinne einer impliziten Ethik (Dauwerse et al. 2013) dazu bei, dass in alltäglichen Gesprächskontakten wie Teambesprechungen, Übergaben, Visiten und ähnlichem, ethische Sachverhalte zuverlässig angesprochen werden.

Ethik-Mentoren und -Mentorinnen haben am UKE die Aufgabe, einen professionellen Umgang mit ethisch komplexen Fragestellungen niedrigschwellig zu unterstützen und dadurch den Ethiktransfer zu fördern.

Formal sind Ethik-Mentoren Beschäftigte mit Sonderaufgaben im Rahmen eines bestehenden Dienstverhältnisses. Das bedeutet unter anderem, dass Verpflichtungen in diesem Zusammenhang als Arbeitszeit gelten. Obwohl es sich um ein vom Vorstand des UKE ausdrücklich gefördertes und unterstütztes Projekt handelt, besteht keine Pflicht zur Einrichtung einer solchen Funktion. Die einzelnen Klinikbereiche entscheiden darüber eigenverantwortlich und in Abhängigkeit von ihren jeweiligen Bedarfen und Möglichkeiten. Daraus folgt, dass ein Bereich mehrere oder auch gar keinen Ethik-Mentor benennen kann. Entscheidet sich ein Bereich für die Umsetzung dieses Konzeptes, müssen bestimmte Bedingungen eingehalten werden. Auf diese Weise sollen sowohl ein verbindlicher Rahmen als auch Flexibilität in der Umsetzung gewährleistet werden.

Der Ethik-Mentor wird von der Leitung des jeweiligen Zuständigkeitsbereichs bestellt. Das erfolgt schriftlich. Dabei werden die Aufgaben festgelegt, die mit der Funktion jeweils verbunden sind, ebenso wie der Zuständigkeitsbereich und der Zeitraum der Benennung. Die Verfahrensanweisung beinhaltet eine Auswahl möglicher Aufgaben. Diese hat Vorschlagcharakter und soll bei Ernennung eines Ethik-Mentors auf die Erfordernisse des jeweiligen Bereiches zugeschnitten werden. Die Vorstandsbeauftragte für Klinische Ethik unterstützt bei Bedarf dabei, die geeigneten Aufgaben auszuwählen. Die Vorschläge sind in verschiedene thematische Bereiche aufgeteilt:

- Sensibilisierung für ethische Fragestellungen
- Vermittlung von medizin- und pflegeethischem Wissen
- Vermittlung von UKE-Angeboten zur Klinischen Ethik
- Unterstützung einer systematischen Reflexion von ethischen Fragestellungen
- Mitwirkung in den Strukturen der Klinischen Ethik

Ethik-Mentoren können aus allen direkt oder indirekt an der Patientenversorgung beteiligten Berufsgruppen bestellt werden. Es ist sogar empfehlenswert, hier auf eine repräsentative Mischung zu achten. Mentoring-Konzepte bauen üblicherweise auf einer Beziehung auf und bilden ein Instrument zur Förderung von Wissenstransfer, der zwischen Mentor und Mentee stattfindet (Graf u. Edelkraut 2017). Auf das Konzept der Ethik-Mentoren übertragen übernehmen diese eine Verantwortung für ein Thema und vermitteln dieses innerhalb des jeweiligen Zuständigkeitsbereichs in den Kreis der Mitarbeitenden hinein. Als hilfreich hat sich erwiesen, wenn der Mentor den Erfahrungshorizont dieser Gruppe in wesentlichen Aspekten teilt – auch den berufsspezifischen. Aus diesem Grund besteht am UKE die Festlegung, dass perspektivisch alle relevanten Berufsgruppen in dem Format vertreten sein sollen.

Für ihre Tätigkeit benötigen Ethik-Mentoren eine hinreichende Qualifikation, ähnlich wie das auch als Voraussetzung für alle anderen Tätigkeiten im Zuge der Ethikarbeit empfohlen wird (BÄK 2006; AEM 2010). Das hier vorgestellte Projekt sieht dazu eine Schulung zum „Berater*in für Ethik im Gesundheitswesen" oder eine vergleichbare Qualifikation vor. Zusätzlich werden die Ethik-Mentoren in der Ausübung ihrer Tätigkeit von der Vorstandsbeauftragten unterstützt. Das geschieht über Angebote zu folgenden Bereichen:

- **Beratung**, zum Beispiel bei der Auswahl geeigneter Aufgabenbereiche, der Entwicklung von Ethik-Projekten oder im Umgang mit herausfordernden Situationen im Rahmen der Tätigkeit als Ethik-Mentor
- **Unterstützung**, zum Beispiel durch Literaturrecherche, durch Konzeption und Durchführung von Vorträgen oder Workshops, bei der Bekanntmachung im eigenen Bereich
- **Information**, zum Beispiel Bereitstellung von Informationsmaterial (Ethik-Flyer, Broschüre „Vorsorge ist Fürsorge", Poster zu Ethikthemen, etc.), Newsletter für Ethik-Mentoren zur Orientierung über die Ethikarbeit am UKE
- **Vernetzung** innerhalb der Gruppe der Ethik-Mentoren sowie zu anderen für die Ethikarbeit relevanten Gremien und Angeboten am UKE (zum Beispiel Forum Patientenorientierung)
- **Qualitätssicherung**, zum Beispiel durch regelmäßige Vernetzungs- und Schulungstreffen

Als Ganzes betrachtet befindet sich das Projekt in der Implementierungsphase. Das bedeutet, dass die Zielrichtung und die Inhalte des Modells im UKE bekannt gemacht worden sind, die Benennung erster Ethik-Mentoren stattgefunden hat, die Betreuungsangebote aufgebaut und ein Konzept für ein strukturiertes Monitoring entwickelt worden ist. Pandemiebedingt kam es bei der Umsetzung zu zeitlichen Verzögerungen. Mit einer ersten Zwischenbilanz ist Mitte 2021 zu rechnen. Schon jetzt zeichnet sich ab, dass das Projekt auf große Zustimmung stößt. Deutlich wird aber auch, dass die Bedarfe an ethischer Unterstützung in den einzelnen Bereichen sehr vielfältig sind und daher sorgfältig auf eine flexible und bedarfsgerechte Umsetzung geachtet werden muss. Gerade in der Anfangszeit scheint eine engmaschige Betreuung der Ethik-Mentoren von großer Bedeutung zu sein, ebenso wie eine eng angeleitete Vernetzung, um auf diesem Wege Synergien herzustellen.

4.6.2 Patientinnen und Patienten im Mittelpunkt – Patientenorientierung und Klinische Ethik

Pola Hahlweg und Martin Härter

Was ist Patientenorientierung?

Eine patientenorientierte Gesundheitsversorgung gewinnt international wie national zunehmend an Bedeutung. Sie wird von Patientinnen und Patienten gewünscht und von verschiedenen Akteuren des Gesundheitswesens gefordert. Dennoch besteht weiterhin sowohl in der Konzeptualisierung von Patientenorientierung als auch der Umsetzung im klinischen Alltag Verbesserungsbedarf. Beispielsweise werden neben der Bezeichnung Patientenorientierung auch Personenorientierung, Patienten- beziehungsweise Personenzentrierung oder Patienten- beziehungsweise Personenzentrierte Gesundheitsversorgung im deutschen Sprachgebiet meist synonym verwendet. Dies zeigt einerseits die Vielschichtigkeit des Konzeptes, andererseits die Notwendigkeit, das Konzept präziser zu fassen.

> **Patientenorientierung** ist definiert als Gesundheitsversorgung, die respektvoll ist und auf die Werte, Präferenzen und Bedürfnisse von Patientinnen und Patienten reagiert und garantiert, dass die Werte der Patientinnen und Patienten alle klinischen Entscheidungen leiten (Institute of Medicine 2001).

In einem Forschungsprojekt des UKE wurde durch eine systematische Literaturrecherche ein integratives Modell der Patientenorientierung erarbeitet, das 15 Dimensionen umfasst und in einer Delphi-Befragung mit internationalen Expertinnen und Experten abgestimmt wurde (s. Abb. 12, Scholl et al. 2014; Zill et al. 2015). Die 15 Dimensionen werden drei Bereichen zugeordnet: Patientenorientierte Grundhaltung (zum Beispiel Patient als Individuum, Biopsychosoziale Perspektive, Behandler-Patient-Beziehung), konkrete Handlungen und Maßnahmen (zum Beispiel verständliche Patienteninformationen, Patientenbeteiligung, Empowerment der Patientinnen und Patienten) und Rahmenbedingungen (zum Beispiel Behandler-Patient-Kommunikation, Zugang zur Versorgung, Zusammenarbeit und Teamentwicklung). In einer Folgestudie wird dieses Modell seit 2017 aus der Perspektive von Patientinnen und Patienten validiert und ein Messinstrument für Patientenorientierung aus Sicht der Patientinnen und Patienten entwickelt (Christalle et al. 2018). Hierbei wurde das integrative Modell um die Dimension Patientensicherheit erweitert (Zeh et al. 2019).

Schnittstellen von Patientenorientierung und Klinischer Ethik

Vergleicht man die Grundprinzipien der klinischen Ethik nach Beauchamp und Childress (2013, s. Kap. 2.2 *Ethik: Was ist das?*) mit den Dimensionen des integrativen Modells für Patientenorientierung, stellt man fest, dass sie eng ineinandergreifen. Patientenorientierung misst der Autonomie und Würde der Patientinnen und Patienten einen hohen Stellenwert bei. Auch geht es darum, Betroffenen vermehrt Gutes zu tun und möglichst wenig zu schaden, indem ihre individuellen Bedürfnisse, Werte und Lebensumstände be- und geachtet werden. Beispielsweise kann eine zunächst sinnvoll erscheinende Behandlung sich als für die Einzelperson unpassend herausstellen, wenn der persönliche Kontext einer Patientin oder eines Patienten einbezogen wird. Herausfinden wird man das nur, wenn die Akteure im Gesundheitssystem hier patientenorientiert handeln. In Texten, die die Grundhaltung im Gesundheitssystem festschreiben, finden sich Aspekte der Klinischen Ethik und der Patientenorientierung oft eng verflochten. Das gilt etwa für das Patientenrechtegesetz aus dem Jahre 2013 (Bundestag 2013) sowie in Kodizes wie der Deklaration von Genf für Ärztinnen und Ärzte (Montgomery et al. 2018) und dem ICN-Ethikkodex für Pflegende (International

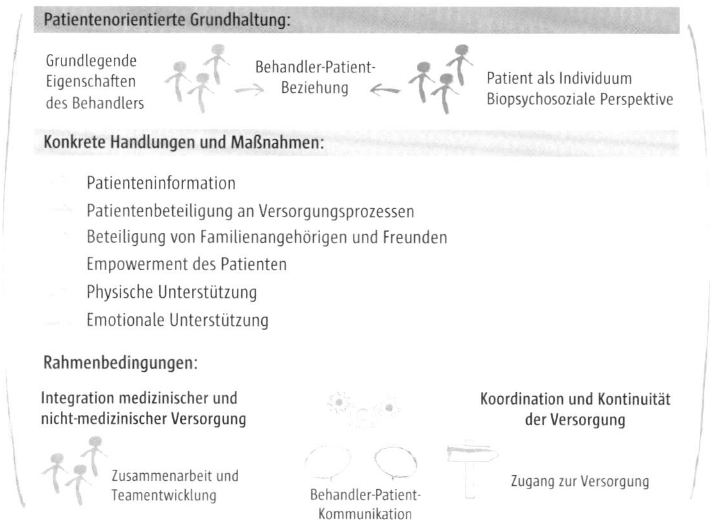

Abb. 12 Integratives Modell der Patientenorientierung (nach Scholl et al. 2014; © Universitätsklinikum Hamburg-Eppendorf)

Council of Nurses 2012). Hier stehen zentrale Begriffe aus der klinischen Ethik wie Würde, Autonomie und Respekt sowie zentrale Dimensionen der Patientenorientierung wie das Erfüllen von Informationsbedürfnissen, die verständliche Aufklärung (auch über Behandlungsalternativen) und die Zustimmung zu Behandlungen eng zusammen.

Patientenorientierung im UKE

Im Unternehmensleitbild des UKE ist „konsequente Patientenorientierung" einer der Grundpfeiler und eines der Unternehmensleitziele. Seit 2013 ist am UKE das „Forum Patientenorientierung" etabliert. Es soll die Umsetzung in die unterschiedlichen Arbeitsbereiche und Kliniken befördern und begleiten (s. Abb. 13). Das Forum versteht sich als ein hierarchie- und berufsübergreifender Zusammenschluss von Mitarbeitenden aus der klinischen Versorgung (zum Beispiel Pflege, Ärzteschaft, Physiotherapie, Psychologie), aus der Forschung, aus der Lehre, aus der Verwaltung (zum Beispiel Patientenadministration, Qualitätsmanagement, Unternehmenskommunikation) und aus weiteren Bereichen des UKE. Das Forum bezweckt sowohl Beteiligte zu vernetzen und gemeinsame Projekte durchzuführen als auch bestehende Strategien zum Thema Patientenorientierung sichtbar zu machen und zu koordinieren.

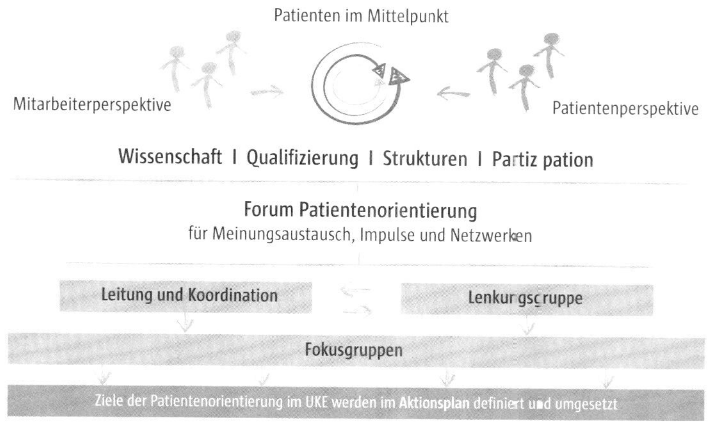

Abb. 13 Struktur des Forums Patientenorientierung im UKE (© Universitätsklinikum Hamburg-Eppendorf)

Jährlich vergibt das Forum Patientenorientierung eine Auszeichnung für Projekte, welche sich den Themen Patientenorientierung und Patientensicherheit widmen. Seit 2015 wurden über 100 Projekte ausgezeichnet.

Weitere Aktivitäten reichten von konkreten Hilfestellungen wie der Neugestaltung der Beschilderungen im UKE, um die Orientierung im UKE zu erleichtern, bis zur Entwicklung von Strategien und Materialien, um das Verständnis der Patientenorientierung im UKE umzusetzen. Hierbei wurde basierend auf dem oben genannten integrativen Modell der Patientenorientierung ein leicht verständliches und erfassbares Konzept der Patientenorientierung spezifisch für das Klinikum erarbeitet. An diesem Prozess beteiligten sich sowohl verschiedene Gesundheitsfachberufe als auch Patientinnen und Patienten, Angehörige und Personen der Allgemeinbevölkerung. Auf Basis dieses leicht verständlichen Konzepts wurde eine Klappkarte inklusive Abbildung entworfen. Sowohl die inhaltliche Textversion als auch die grafische Aufbereitung in Form der Klappkarte können somit verwendet werden, um die Konzeptualisierung von Patientenorientierung in einem Klinikum zu vermitteln. Zielgruppen sind sowohl Mitarbeitende aller Fachgruppen als auch Patientinnen, Patienten und Angehörige.

Das Forum Patientenorientierung versteht sich auch als Plattform für die zahlreichen wissenschaftlichen Projekte, die das UKE zum Thema durchführt. Dazu zählen unter anderem die oben beschriebenen Forschungsprojekte zum integrativen Modell der Patientenorientierung sowie die Studie „Behandlungswege gemeinsam entscheiden" (Scholl et al. 2018). Hier wird ein Programm zur Förderung der gemeinsamen Entscheidungsfindung bei Behandlungsentscheidungen (sogenannte partizipative Entscheidungsfindung) durchgeführt und evaluiert. Das Programm umfasst Schulungen und Coachings für die Ärzteschaft und Pflege, Materialien zur Information und Aktivierung von Patientinnen und Patienten sowie die Prüfung und gegebenenfalls Veränderung von Organisationsstrukturen wie Qualitätsmanagementhandbüchern und interdisziplinären Besprechungen. Auch in diesem Projekt zeigten sich zahlreiche Verbindungen zwischen Patientenorientierung und Klinischer Ethik.

Im UKE gehen Patientenorientierung und Klinische Ethik Hand in Hand. Durch die zahlreichen personellen wie strukturellen Schnittstellen in Klinik, Forschung, Lehre und weiteren Bereichen wird die Förderung beider Themen kontinuierlich und mit viel Engagement vorangetrieben.

4.6.3 Ethische ECMO-Visite bei Patientinnen und Patienten im kardiogenen Schock – Strukturiert und interprofessionell

Hanno Grahn

Der kardiogene Schock ist ein Kreislaufversagen aus kardialer Ursache. Diese Situation ist trotz intensivmedizinischer Behandlung mit einer hohen Mortalität verknüpft. Etwa 30 bis 40 Prozent der Betroffenen versterben während des Krankenhausaufenthaltes. Die Therapie mittels sogenannter VA-ECMO (venoarterieller extrakorporale Membranoxygenierung), also die maschinelle Aufrechterhaltung eines Kreislaufs, bietet nur eine kurzfristig wirksame Therapie. Mit ihrer Hilfe kann die Zeit bis zur Erholung der Herzfunktion oder bis zur Überführung in ein längerfristiges Therapiekonzept überbrückt werden, wie zum Beispiel eine dauerhafte mechanische Kreislaufunterstützung (linksventrikuläres Unterstützungssystem) oder in sehr seltenen Fällen auch eine Herztransplantation. Wegen ihrer Invasivität geht die ECMO-Therapie häufig mit prognosebeeinflussenden Komplikationen und einer hohen Mortalität einher. Die ECMO-Therapie ist gewissermaßen die letzte Therapieoption in einer medizinisch kritischen Lage, die ihrerseits ein hohes Risiko birgt.

Es handelt sich damit um eine Therapieform, die in vielfacher Weise ethische Thematiken beinhaltet (Jaramillo u. Braus 2019; Abrams et al. 2019). Oftmals ist die individuelle Lebensqualität nach einer ECMO-Therapie dauerhaft eingeschränkt. Daher sollten im Verlauf einer solchen Behandlung ethische Sachverhalte gründlich reflektiert werden. Diese lassen sich mit den durch Beauchamp und Childress (2013) formulierten ethischen Prinzipien mittlerer Reichweite beschreiben (s. Kap. 2.2 *Ethik: Was ist das?*). Folgende Aspekte sind hierbei von besonderer Relevanz:

- **Autonomie**: Häufig bezieht sich eine Patientenverfügung nicht auf eine derartige Extremsituation, sodass im frühen Verlauf einer ECMO-Therapie in der Regel nur auf den mutmaßlichen Willen des Patienten Bezug genommen werden kann. Das stellt vor dem Hintergrund der besonderen Belastungen, die mit einer solchen Therapie verbunden sind, dann ein moralisches Dilemma dar, wenn der mutmaßliche Wille des Patienten mit nur geringen Anhaltspunkten hinterlegt ist.
- **Wohltun**: Eine seriöse Einschätzung der Prognose ist gerade zu Beginn der ECMO-Therapie nicht möglich. Entsprechend lässt sich nur schwer bestimmen, ob die Therapie geeignet ist, um einen gesundheitlichen Zustand zu erreichen, der ein angemessenes Maß an Lebensqualität ermöglicht.
- **Nicht-Schaden**: Da die Therapie oft mit schwerwiegenden Komplikationen verbunden ist, ist der Zeitpunkt schwer bestimmbar, ab dem ein

vorteilhafter zu einem nachteiligen Verlauf wird. Als letzte verbleibende lebenserhaltende Maßnahme wird die ECMO-Therapie auch dann fortgesetzt, wenn mit ihr bereits erhebliche Belastungen und Komplikationen verbunden sind. Das führt oft zu Situationen, in denen der Verlauf und die Prognose von einzelnen Beteiligten als übermäßige Einschränkung der individuellen Lebensqualität wahrgenommen werden, ohne dass über diese Wahrnehmung ausdrücklich gesprochen wird.

Darüber hinaus ist von ethischer Bedeutung, wenn über die Bewertung des Verlaufs Meinungsverschiedenheiten zwischen Professionen und/oder Behandlungsteam und Patientenvertreter bestehen. Eine ECMO-Therapie erfolgt im engen Zusammenwirken unterschiedlicher Berufsgruppen und Disziplinen. Die ethischen Sachverhalte einer ECMO-Therapie können nur schwerlich diskutiert werden, wenn die Einschätzung von Nutzen und Belastungen sowie den die Lebensqualität einschränkenden Anteilen der Therapie auf einer – berufsbedingt – sehr spezifischen Wahrnehmung basiert und nicht systematisch darüber gesprochen wird. Zwar finden die ethischen Prinzipien in der Regelkommunikation üblicherweise Beachtung, nur geschieht das häufig nicht strukturiert und interprofessionell.

Ziel bei der Entwicklung der ECMO-Visite war es, die infrage kommenden Patienten strukturiert und auch nach ethischen Maßstäben optimal zu versorgen. Dazu sollte für die täglichen Visiten ein speziell angepasstes Schema entwickelt werden. Ein wesentlicher Schwerpunkt lag auf dem Einbezug des Patienten beziehungsweise seines Stellvertreters sowie auf einem interprofessionellen Teamansatz. Kern des Projektes war es, eine Methode ethischer Reflexion auf eine konkrete medizinische Fragestellung anzuwenden – die ECMO-Therapie – und über die Einbindung in die tägliche Visite niedrigschwellig in die Regelkommunikation zu integrieren.

Die ECMO-Visite fördert durch einen regelmäßigen strukturierten und interprofessionellen Austausch die Qualität der medizinischen Versorgung und ein konsequent patientenorientiertes Handeln.

Die Entwicklung erfolgte auf Initiative des zuständigen Oberarztes, der gleichzeitig dem Klinischen Ethikkomitee (KEK) angehörte. Die Ausarbeitung geschah im interdisziplinären Austausch, an dem neben zwei Kardiologen, einem Intensivmediziner und einer Pflegenden auch zwei Ethikerinnen und eine Mitarbeiterin des Geschäftsbereichs Recht mitwirkten. Darüber hinaus wurde das Konzept während seiner Entwicklung zweimal im KEK zur Diskussion gestellt.

Das Konzept der ECMO-Visite sieht die Anwesenheit folgender Personen vor: die zuständige Pflegekraft, der zuständige Arzt und in der Anfangszeit zudem ein in Ethischer Fallberatung geschulter Arzt. Der Visitenablauf folgt den ethischen Prinzipien Autonomie, Wohltun und Nicht-Schaden. Das umfasst folgende inhaltlichen Schritte:

- sorgfältige Klärung des Patientenwillens (bei einem nicht einwilligungsfähigen Patienten der mutmaßliche)
- Festhalten des aktuell verfolgten Therapieziels
- Klärung eventueller prognosebeeinflussender Komplikationen
- abschließende Beurteilung der Frage, ob Patientenwille und Therapieziel noch stimmig sind und ob Konsens zwischen den Positionen des Behandlungsteams und der des Patienten (Vertreters) besteht.

Die täglich stattfindenden ethischen Visiten flankieren den weiteren Therapieverlauf. Sie werden strukturiert dokumentiert. Das sichert unter anderem den Informationsfluss ins Behandlungsteam. Ein Bewusstmachen dieser konkreten ethischen Fragestellungen ist zugleich Ansporn für alle Teammitglieder, um so einem patientenorientierten Anspruch gerecht zu werden.

Das Projekt ist mittlerweile in die klinische Routine integriert. Erste Erfahrungen zeigen, dass die ECMO-Visiten dazu beitragen können, die Therapie konsequent im Sinne des Patienten zu gestalten. Qualitativ hochwertige medizinische Versorgung wird durch eine individualisierte patientengerechte Versorgung somit auch unter ethischen Aspekten gewährleistet. Auch das Behandlungsteam hat die Visiten gut angenommen. Das kann auf den verbesserten Austausch zwischen den Disziplinen zurückzuführen sein, der ein Vorgehen im Konsens begünstigt. Eine ausführliche Erhebung steht allerdings noch aus. Es gilt nun, die Auswirkung der ethischen Visite auf das Outcome der Patienten und des Behandlungsteams zu untersuchen.

4.7 Ethik-Netzwerke in der Metropolregion Hamburg

Ruth Albrecht und Katharina Woellert

In Hamburg und Umgebung existieren zwei Ethik-Netzwerke: das Hamburger Ethik-Netzwerk (HEN) und Ethik im Norden (EiN). Beide verfolgen das Ziel, über die Interaktionen der Netzwerkakteure den Ethik-Dialog in den dahinterstehenden Gesundheitseinrichtungen zu fördern. Sie richten sich an verschiedene Zielgruppen und weisen daher unterschiedliche Organisationsformen auf.

Das HEN versteht sich als Plattform für den Austausch von Mitgliedern Klinischer Ethik-Komitees oder ähnlicher Organisationsformen wie Ethik-

Arbeitsgruppen. Es ist regional ausgerichtet und umfasst als Einzugsgebiet die Metropolregion Hamburg. Das HEN wurde im Januar 2012 gegründet. Die Initiative ging von den Autorinnen dieses Kapitels aus, die sich beide professionell in unterschiedlichen Kontexten seit mehreren Jahren mit ethischen Fragestellungen im Gesundheitswesen befasst hatten. Ruth Albrecht war über viele Jahre als Seelsorgerin an verschiedenen Hamburger Krankenhäusern tätig und in dieser Funktion in die Ethikarbeit eingebunden. Zum Zeitpunkt der Gründung des HEN hatte Albrecht die Leitung der Arbeitsstelle Ethik im Gesundheitswesen des Kirchenkreisverbandes Hamburg (KKVHH) inne. Die institutionelle Anbindung von Albrecht und Woellert ermöglichte es beiden, die Koordination des HEN kontinuierlich zu übernehmen. Insbesondere die Vernetzung Albrechts in der Hamburger Krankenhauslandschaft führte dazu, dass binnen kurzem Vertreter von rund 20 Einrichtungen an den Netzwerktreffen teilnahmen. Neben Personen unterschiedlicher Berufsgruppen aus Krankenhäusern zählten dazu vereinzelt auch Mitarbeitende aus Pflegeeinrichtungen und ambulanten Versorgungsträgern sowie Angehörige der Ethik-Kommission des Hamburger Erzbistums.

Das HEN versteht sich als informeller Zusammenschluss. Aus diesem Grund werden keine Teilnahmegebühren erhoben. Die Zusammenarbeit erfolgt über halbjährliche Netzwerktreffen, die jeweils am späten Nachmittag stattfinden und drei Stunden dauern. Bis Ende 2020 fanden 18 Treffen statt, die konsequent Schulungs- und Interaktionsanteile verbinden: Einer ausführlichen Vorstellungsrunde, in der sich neue Teilnehmer präsentieren und alte über die aktuellen Entwicklungen in ihren Einrichtungen berichten, folgt ein thematischer Teil. Dieser besteht aus einem fachlichen Impuls und einer anschließenden Diskussion, die vor allem dem Erfahrungsaustausch dient und die Übertragbarkeit in die Arbeitsfelder der Teilnehmenden unterstützen soll. Dabei wurden unter anderem folgende Themen behandelt: Methodik und Fallstricke der Ethik-Fallberatung, Herausforderungen von Interkulturalität in der Gesundheitsversorgung, Anordnungen zum Verzicht auf Wiederbelebung, niedrigschwellige Formate wie Ethik-Cafés. Darüber hinaus bietet jedes Netzwerktreffen mit einer ausführlichen Pause Raum für Begegnungen, Networking und den Aufbau von Kooperationen. Den Abschluss bildet jeweils ein Marktplatz, der den Teilnehmenden Gelegenheit gibt, auf eigene Veranstaltungen hinzuweisen. Für die Zusammenarbeit ist Vertraulichkeit vereinbart. Nur so können die Mitglieder offen über die Erfahrungen in ihren Einrichtungen berichten und Gelungenes ebenso wie Misserfolge miteinander teilen.

Seit 2018 werden die Koordinatorinnen des HEN durch eine Steuerungsgruppe unterstützt, der Personen unterschiedlicher Berufsgruppen angehören. Mitte 2020 übernahm Florian-Sebastian Ehlert die Leitung der Arbeitsstelle

Ethik im Gesundheitswesen des KKVHH. Mit diesem Wechsel verbindet sich die Zusage, dass der KKVHH auch zukünftig die operative Basis für das HEN bereitstellt. Das ist vor allem deshalb wichtig, weil die Teilnehmenden über ausgesprochen unterschiedliche Rahmenbedingungen für die Ethikarbeit verfügen. Die Anbindung an den KKVHH und das UKE sichert vor diesem Hintergrund eine kontinuierliche Arbeitsform.

Aus den Anregungen während der HEN-Treffen sind eine durch die AEM zertifizierte Weiterbildung (s. Kap. 4.4.1 *Hamburger Weiterbildung „Berater*in für Ethik im Gesundheitswesen“*) und ein Supervisionsangebot für Ethikberater, die Hamburger Ethik-Werkstatt, hervorgegangen. In den Netzwerktreffen wurde ein großes Interesse an standortnahen Angeboten geäußert. Die Ethikverantwortlichen der einzelnen Einrichtungen wünschten sich zudem eine Unterstützung, die über die Netzwerkarbeit hinausgeht. Die Ethik-Werkstatt verbindet Fallsupervision und Fachinput. Sie bietet Raum, die konkreten Fragestellungen der Teilnehmenden unter Anleitung kollegial zu bearbeiten.

Das HEN hat in den neun Jahren seines Bestehens eine stabile Form der Zusammenarbeit entwickelt. Als solches war es Vorbild für vergleichbare Netzwerke, beispielsweise das Netzwerk Ethikarbeit Lübeck und Umgebung (www.ethik-netzwerk.de). Entwicklungsthemen der Zukunft liegen unter anderem in der Außendarstellung, der Nutzbarmachung einer Internetplattform für den internen Dialog oder der Ausweitung von Vernetzungsstrukturen in die ambulante Versorgung.

Das Netzwerk Ethik im Norden (EiN) richtet sich dagegen an Personen, die hauptamtlich die Ethikarbeit in ihren Einrichtungen verantworten. Ausgangsidee für dieses Netzwerk war die Beobachtung, dass sich in Organisationen mit komplexen Strukturen Klinischer Ethik viele Fragen anders stellen. Die regionale Festlegung auf die nördlichen Bundesländer verband sich mit der Erwartung, über die räumliche Nähe leichter einen direkten Dialog als Basis für die kollegiale Zusammenarbeit zu erreichen. Diese Hoffnung hat sich bestätigt. EiN existiert seit 2016. Die halbjährlichen Veranstaltungen werden von den Teilnehmenden inhaltlich gemeinsam gestaltet. Die Treffen finden jeweils ganztägig statt. Dadurch bleibt viel Raum für die Arbeit an gemeinsamen Themen und die Diskussion spezifischer Fragestellungen. Aus diesem Zusammenschluss ging mit dem Ersten Ethik-Fachtag im Norden zum Thema „Ethik und Recht“ eine Fortbildungsveranstaltung hervor, die für April 2020 geplant war. Aufgrund der Covid-19-Pandemie musste der Fachtag allerdings vorerst verschoben werden. Dennoch zeigt das außerordentlich starke Interesse – die maximale Teilnehmerzahl von 90 Personen war binnen kurzem erreicht – den Bedarf an regionalem Ethiksupport.

Die Mitglieder von EiN stammen aus dem gesamten norddeutschen Raum. Die Gründungsmitglieder gehörten folgenden Institutionen an: UKE, Arbeitsstelle Ethik im Gesundheitswesen, zwei Krankenhäuser aus Flensburg, die Universitätskliniken in Kiel und Greifswald und die Landesärztekammer Hamburg. Eine Umstrukturierung der Zusammenarbeit im Zuge der Covid-19-Pandemie führte zu einer Erweiterung um Einrichtungen aus Lübeck und Bremen sowie die Pflegeberufekammer Schleswig-Holstein. Das Potenzial der Vernetzung auf der Ebene der Hauptamtlichen liegt nach Erfahrung der Autorinnen vor allem darin, dass sich Strategien für eine organisationale Durchdringung vor diesem Hintergrund anders stellen und bessere Ausgangsbedingungen für die Gestaltung des Ethiktransfers gegeben sind.

5 Klinische Ethik am UKE – Ein Blick von außen

Gerd Richter

Klinische Ethik als Ganzes sowie klinische Ethikberatung im engeren Sinn beschäftigt sich mit wertbehafteten Unsicherheiten Problemen und Konflikten in der konkreten Patientenversorgung und muss daher pragmatisch, problem- und lösungsorientiert sein. Somit ist die Klinische Ethik eine praktische Disziplin im Rahmen der klinischen Medizin. Sie stellt einen strukturierten Ansatz zur Identifikation, Analyse und Lösung solcher Fragen und Unsicherheiten sowie für moralische Probleme oder Konflikte in der Praxis dar. Dabei geht es der Klinischen Ethik nicht um theoretische Probleme, welche sich als Widersprüche zwischen unterschiedlichen theoretischen Positionen bestimmen lassen und eines ethisch-philosophischen Diskurses bedürfen, sondern es handelt sich um einen sozialen Konflikt wertbehafteter Fragen aufgrund faktischer und empirischer Gegebenheiten in der medizinischen Versorgung von kranken und leidenden Menschen. Die Lösungsstrategien im Falle solcher klinischen Probleme können somit keinen ethisch-philosophischen Diskurs darstellen, sondern sind angewiesen auf ethische und rechtliche Voraussetzung und Anerkennung derselben, die in einer Gesellschaft etabliert sind.

In diesem Sinn beschäftigt sich Klinische Ethik nicht mit philosophisch-bioethischen Grundsatzfragen sondern muss diese als gelöst voraussetzen, wie dies an den Beispielen von Sterbehilfe (Tötung auf Verlangen), Schwangerschaftskonflikt (moralischer Status des Embryos) und Bestimmung des mutmaßlichen Patientenwillens (Mutmaßung über eine faktisch nicht mögliche Willensentscheidung) verdeutlicht werden kann. Hierin unterscheidet sich die Klinische Ethik wesentlich von der Medizin- und Bioethik sowie der praktischen Ethik. Bei der klinischen Ethikberatung geht es neben einer Analyse der problembehafteten Situation vordringlich um eine Lösung derselben, die durch die rechtlichen Vorgaben und die moralischen Positionen der Beteiligten bestimmt ist. Insofern kann klinische Ethikberatung als ein ethisch qualifiziertes und ethisch informiertes Konfliktmanagement im rechtlich vorgegebenen Rahmen angesehen werden, der es nicht um die Realisierung bestimmter moralischer Werte geht, sondern um die Lösung eines spezifischen Problems unter Bestimmung derjenigen Handlungsoption mit der für die Beteiligten besten Begründung.

Seit nunmehr 20 Jahren ist die Klinische Ethik mit der klinischen Ethikberatung im deutschsprachigen Raum zunehmend etabliert und versucht, zu einer professionellen und fairen Entscheidungsfindung in schwierigen klinischen Situationen beizutragen. Dabei steht neben den verschiedenen Formen der klinischen Ethikberatung, inklusive der Entwicklung von Verfahrensanleitungen häufiger und wiederkehrender klinisch-ethischer Probleme, vor allem die Aus- und Fortbildung der klinisch Tätigen im Vordergrund (s. Kap. 3 *Klinische Ethik entwickeln*). Klinische Ethik soll unter dem Primat der Ausbildung im Rahmen der oben beschriebenen wertbehafteten Konflikte lediglich Hilfestellung zur Lösung geben und im Rahmen ihres Tuns die beteiligten Kliniker ermächtigen, mit solchen wertbehafteten Problemen zukünftig eigenständig und kompetent umzugehen.

Medizinethik und Klinische Ethik haben am UKE eine traditionsreiche Vorgeschichte mit dem „Interdisziplinären Ethikseminar“ seit Beginn der 1980er-Jahre und der Entwicklung des Instituts für Geschichte und Ethik der Medizin sowie mit der Etablierung des „Ethik-Konsils“ und der „Perinatalen Ethikkommission“ in den Anfängen der deutschen Klinischen Ethik in den frühen 2000er-Jahren (s. Kap. 4 *Klinische Ethik am UKE*). Mit der Bestellung einer Vorstandsbeauftragten für Klinische Ethik und der Gründung eines Klinischen Ethik-Komitees (KEK) sowie der Förderung durch den UKE-Vorstand wurde die Klinische Ethik am UKE nachdrücklich gestärkt und hat zu einer beeindruckenden Entwicklung derselben geführt.

Der Autor hatte in 2018 auf Einladung des UKE-Vorstandes und der Vorstandsbeauftragten für Klinische Ethik Gelegenheit, sich über die Entwicklung der Klinischen Ethik am UKE zu informieren und vielfältige Gespräche mit den Protagonisten der Klinischen Ethik am UKE zu führen sowie an verschiedenen Konferenzen und Foren teilzunehmen.

Es besteht am UKE nicht nur ein Ethik-Konsultationsdienst (Ethik-Fallberatung), sondern dieser ist zudem vorbildlich eingebettet in ein Programm Klinischer Ethik. Hierbei möchte ich auf die Strukturen der Klinischen Ethik am UKE (Abb. 9) verweisen und darüber hinaus insbesondere auf die Konzeption und Realisierung der „Hamburger Weiterbildung zum Berater*in für Ethik im Gesundheitswesen“ sowie die Einbindung der Ethik als Bestandteil von Führungskräfteschulungen am UKE. Dieses ist ein Alleinstellungsmerkmal eines klinischen Ethikprogramms an einem deutschen Universitätsklinikum. Auch die Etablierung und Ausbildung von „Ethik-Mentoren und Mentorinnen am UKE“ durch das KEK (s. Kap. 4.6.1 *Ethik-Mentoren und Mentorinnen*) ist als niedrigschwelliges Instrument der Klinischen Ethik in der Alltagskommunikation der verschiedenen klinischen Arbeitsbereiche nur an sehr wenigen Kliniken im deutschsprachigen Raum etabliert und steht beispielhaft für eine Einbindung Klinischer Ethik in die Organisationsstruktur eines Klinikums.

Des Weiteren ist die Beteiligung an den beiden Ethik-Netzwerken „Hamburger-Ethik-Netzwerk (HEN)“ und „Ethik im Norden (EiN)“ hervorzuheben, wobei das HEN als Plattform für den Austausch von Mitgliedern Klinischer Ethik-Komitees und ähnlicher Organisationsformen Klinischer Ethik aus verschiedenen Hamburger Kliniken Vorbildcharakter hat.

Da ich von der Vorstandsbeauftragten für Klinische Ethik im Rahmen meines Besuches am UKE auch um Kritik gebeten worden bin, möchte ich im Folgenden Anregungen zur weiteren Entwicklung und Selbstreflexion der Klinischen Ethik am UKE geben.

Rekrutierung von Mitarbeitenden für den Ethik-Konsultationsdienst (Ethik-Fallberatung): Für die Zusammensetzung des Mitarbeiterkreises zur Durchführung von Ethik-Fallberatungen ist es von Wichtigkeit, dass zum einen für die erfolgreiche Beratungsarbeit eine ausreichende Anzahl von ausgebildeten Ethikberatern (K1-Zertifizierung nach AEM) zur Verfügung steht, sodass diese zusätzliche Tätigkeit in der Dienstzeit ohne Überlastung einzelner ausgeführt werden kann. Zum anderen ist auf eine ausreichend diverse professionelle Zusammensetzung im Ethik-Konsultationsdienst zu achten, da dies die Akzeptanz von Ethik-Fallberatungen erhöht. Ärzte und Ärztinnen sind am UKE in dieser Hinsicht im Ethik-Konsultationsdienst unterrepräsentiert. Vielleicht könnten ärztliche Mitglieder des KEK für diese Arbeit gewonnen werden, da wie in Kapitel 4.2.2. aufgeführt, 16 KEK-Mitglieder eine Zertifizierung zum Berater*in für Ethik im Gesundheitswesen nach den Richtlinien der AEM aufweisen. Als eine mittelfristige Lösungsmöglichkeit für die Gewinnung von ärztlichen Interessenten hat sich beispielsweise an der Universitätsklinik Marburg die Etablierung eines Ethik-Liaisondienstes in der Intensivmedizin erwiesen.

Ethik-Liaisondienst: Ausgehend von den bereits etablierten Formen der klinischen Ethikberatung mit der „ethischen ECMO-Visite bei Patienten im kardiogenen Schock“ und dem „Ethik-Blitzlicht“ als präventive Ethik-Fallberatung in der Klinik für Intensivmedizin könnte das Angebot eines Ethik-Liaisondienstes hinsichtlich der organisationalen Durchdringung ein zusätzlich wertvolles Werkzeug der klinischen Ethikberatung sein. Der Ethik-Liaisondienst ist ein niedrigschwelliges Angebot für die intensivmedizinische Versorgung von Patienten dergestalt, dass ein oder zwei Ethikberater einmal wöchentlich an einer routinemäßigen Visite auf einer Intensivstation teilnehmen, sodass wertbehaftete Fragen bzw. Probleme angesprochen bzw. kurz besprochen werden können. Dieser Ansatz wird in der Literatur auch ungenau als Ethikvisite bezeichnet, führt aber zu dem Missverständnis, dass dies eine gesonderte zeitintensive Intervention ist. Eingebunden in eine alltägliche Routinevisite bedarf es keines gesonderten Zeitaufwandes, wenn die Ethikberater der Intensivvisite fachlich folgen können und nur dann Fragen stellen und Diskussionen initiieren, wenn diese wichtig für die aktuelle klinische Entscheidungssituation sind („Don't slow down rounds"). Als Ursachen manifester ethischer Probleme oder Konflikte in der Intensivmedizin (innerhalb des medizinischen Behandlungsteams oder zwischen Patientenseite und Behandlungsteam) lassen sich in der Literatur vor allem mangelnde/fehlende Kommunikation, Misstrauen und fehlende Strukturen der Entscheidungsfindung bei Problemen im Rahmen der „End-of-Life-Care" finden. Lassen sich diese Probleme nicht niederschwellig bei der stattfindenden Routinevisite lösen, so ist die Möglichkeit zu einer Ethik-Fallberatung gegeben, die zeitnah zu einem passenden Zeitpunkt durchgeführt werden kann. Dazu ist anzumerken, dass eine solche Ethik-Fallberatung einen eindeutigen Beratungsanlass aufzuweisen hat und auf einen klar umrissenen Zeitrahmen von 30 Minuten begrenzt ist, sodass eine solche Intervention in die Alltagsroutine einer Intensivstation aufgenommen werden kann. Die dazu notwendigen Vorbereitungen sind von dem Ethikberater in der Koordinationsphase (Abb. 11, Kap. 4.3.1) vor der Fallberatung sehr genau durchzuführen. In Marburg haben wir dieses Modell 1998 auf einer abdominal-chirurgischen Intensivstation erfolgreich etablieren können. Bei hoher Akzeptanz durch die ärztlichen und pflegerischen Mitarbeitenden dieser Station wurde dieses Modell der Ethik-Intervention von anderen Intensivstationen so häufig nachgefragt, dass zum gegenwärtigen Zeitpunkt, mit Ausnahme einer Station, alle Intensivstationen des Universitätsklinikums Marburg mit dem Ethik-Liaisondienst versorgt werden (Richter 2016). Für die klinische Ethikberatung hat sich daraus die erfreuliche Konsequenz ergeben, dass aufgrund der hohen Akzeptanz sowohl einige ärztliche wie pflegerische Mitarbeitende Interesse an der Klinischen Ethik gefunden haben und im Ethik-Konsultationsdienst mitarbeiten.

Transparenz: Eine gewisse Anzahl von Ethik-Fallberatungen wird am UKE ohne Wissen des Patienten bzw. ohne Anwesenheit von Patient/Patientenstellvertreter (Bevollmächtigter, gesetzlich bestellter Betreuer) sowie der Familie durchgeführt, wie das der Autor bei seinem Besuch im UKE auch in einer Ethik-Fallberatung miterleben konnte. Dies ist insofern ungewöhnlich, da bei der Lösung eines ethischen Konfliktes der Patientenwille (aktuell oder aber bei nicht entscheidungsfähigen Patienten vorausverfügt und mutmaßlich) und damit die Anwesenheit des Patienten/Patientenstellvertreters von ausschlaggebender Bedeutung ist, da nur unter Beachtung des Patientenwillens eine gemeinsame Entscheidung hinsichtlich des individuellen Therapieziels erarbeitet werden kann. Hier ist Neitzke (2009b) entschieden zu widersprechen, dass die Patientenperspektive in Abwesenheit des Patienten durch den Moderator der Fallbesprechung substituiert werden kann. In einer solchen Situation kann der Moderator weder seiner Aufgabe und Verantwortung als Moderator gerecht werden noch derselben gegenüber dem Patienten. Selbst die Bestimmung des mutmaßlichen Willens durch einen Patientenstellvertreter, welcher den Patienten häufig schon längere Zeit kennt, ist sehr schwierig und kann lediglich als rechtmäßiges Surrogat betrachtet werden. Gerade die Transparenz der gemeinsamen Entscheidungsfindung ist für Patient, Patientenstellvertreter und Familie von besonderer Bedeutung, da für sie die Offenheit der Kommunikation, die Aufrichtigkeit und Authentizität der Gesprächspartner von größter Wichtigkeit ist und ausschlaggebend für die Zufriedenheit und das Vertrauen gegenüber dem Behandlungsteam. In diesem Sinn ist das Sprechen mit dem Patienten immer dem Sprechen über den Patienten vorzuziehen!

Es kann durchaus Situationen geben, in denen aufgrund eines ethischen Konfliktes im Team eine moderierte Ethik-Teambesprechung notwendig wird, insbesondere dann, wenn die ethischen Aspekte einer therapeutischen oder diagnostischen Intervention im Team unterschiedlich bewertet werden und es dadurch zum ethischen Konflikt kommt. Dabei handelt es sich dann allerdings nicht um eine Ethik-Fallberatung, da der Patient nur mittelbar involviert ist und die Klärung auf der informationellen Ebene jenseits des konkreten Patientenfalles erfolgt. Hinsichtlich der Klärung ethischer Aspekte einer Intervention im Team ist der konkrete Patient nicht zu beteiligen und muss auch nicht in das Teamgespräch einwilligen, da er nicht konkret und unmittelbar involviert ist. Geht es allerdings bei dem vorhandenen ethischen Konflikt um eine Entscheidung hinsichtlich eines konkreten Patienten, so findet diese auf der Ebene der Entscheidungsfindung statt, bei der der Patient bzw. die Patientenseite unbedingt mit einzubeziehen ist (Frage nach Patientenwille, Anerkennung der Patientenautonomie etc.). Vielleicht wäre hier eine Reflexion der Praxis von Ethik-Fallberatung und Ethik-Teambesprechung im KEK gemeinsam mit den Mitgliedern des Ethik-Konsultationsdienstes hilfreich, um zu entscheiden wie die Praxis der Ethikberatung am UKE gehandhabt werden soll.

Die informierte Zustimmung zu einer Ethik-Fallberatung erfolgt durch die Einladung des Patienten bzw. des Patientenstellvertreters mit Bitte um ein gemeinsames Gespräch mit dem Behandlungsteam (behandelnder Arzt, zuständige Pflegekraft und sonstige direkt an der Versorgung Beteiligten) hinsichtlich des bestehenden ethischen Konfliktes, der entsprechend dem Beratungsanlass zu formulieren ist. Hinsichtlich einer patientenzentrierten Medizin ist dabei von besonderer Bedeutung, dass der Patient bzw. sein Stellvertreter auch signifikant Andere (Familie, Lebenspartner u.a.m.) dazu einladen kann. Die Teilnahme an dem Beratungsgespräch ist somit als informierte Zustimmung zu werten. Die Einladung zu einer solchen gemeinsamen Besprechung wird von der Patientenseite sehr geschätzt und wird selbst bei einem bestehenden, heftigen Konflikt gern angenommen.

Insofern ist es nicht verständlich, wie es dazu kommen kann, dass der Patient bzw. der rechtliche Patientenstellvertreter hinsichtlich einer Ethik-Fallbesprechung nicht informiert einwilligt und es ist zu fragen wie informiert wird.

Dokumentation: Da eine Ethik-Fallbesprechung lösungsorientiert ist, gehört das Ergebnisprotokoll zeitnah (am selben Tag) in die Patientenakte, sodass alle Mitglieder des Behandlungsteams, auch diejenigen, die bei der Fallbesprechung nicht anwesend gewesen sind, sich über das Ergebnis informieren können. Dabei hat sich ein klares und kurzes (höchstens 1,5 Seiten) Ergebnisprotokoll nach der Erfahrung des Autors bewährt, sodass dieses auch von den Teammitgliedern und evtl. von der Patientenseite gelesen und zur Kenntnis genommen werden kann. Auch das Ergebnisprotokoll einer Ethik-Teamberatung ist dem Team zeitnah zu übergeben, da dieses durchaus Wissen hinsichtlich klinisch-ethischer Alltagsprobleme vermitteln kann. Die Notiz „Eine Ethik-Fallberatung hat stattgefunden" reicht für den klinischen Alltag nicht aus und ist auch nicht notwendig, da bei Entscheidungen hinsichtlich konkreter Patienten diese selbst immer an der Entscheidungsfindung zu beteiligen sind und daher bei der Ethik-Fallberatung zugegen sein müssen.

Forschung: Ein Desiderat des umfangreichen Programms „Klinischer Ethik" am UKE und an der Medizinischen Fakultät stellt die wissenschaftliche Auseinandersetzung mit Themen der Klinischen Ethik bzw. Ethikberatung dar. Ich möchte gern die Verantwortlichen motivieren an Ausschreibungen der Deutschen Krebshilfe, des BMBF und der DFG sowie von Stiftungen zum Thema Klinische Ethik teilzunehmen. Gerade das umfangreiche Programm und die vorgestellte breite, gut vernetzte interprofessionelle Ausrichtung der Klinischen Ethik am UKE könnten durchaus interessante wissenschaftliche Arbeiten zu unterschiedlichen Themen der Klinischen Ethik erwarten lassen (hier verweise ich nur beispielhaft auf die Ausschreibung des Förderschwerpunktprogramms „Ethische Verantwortung in der modernen Krebsmedizin" der Deutschen Krebshilfe aus 2020).

Im Rahmen meines Besuches in Hamburg am UKE danke ich allen Gesprächspartnern, insbesondere der Vorstandsbeauftragten für Klinische Ethik, Frau Dr. K. Woellert, für die offenen Gespräche und Diskussionen hinsichtlich des Projektes „Klinische Ethik". Die Etablierung der in diesem Buch dargestellten Strukturen eines Programms Klinischer Ethik seit 2014 ist beeindruckend. Somit ist die Klinische Ethik am UKE auf einem guten Weg hinsichtlich ihrer weiteren Entwicklung und Zukunftsperspektiven. Ich würde mich freuen, wenn dazu die oben aufgeführten Anregungen etwas beitragen könnten.

Literatur

Abrams D et al. (2019) Ethical Considerations for Mechanical Support. Anesthesiology Clinics 37(4), 661–673

Agich GJ (2011) Was trägt die Methode zur Ethikkonsultation bei? In: Stutzki R, Ohnsorge K, Reiter-Theil S (Hrsg.) Ethikkonsultation heute – vom Modell zur Praxis. 13–25. LIT Münster

Akademie für Ethik in der Medizin/AEM (2019) Curriculum Ethikberatung im Gesundheitswesen. Stand: 24.6.2019. URL: https://www.aem-online.de/fileadmin/user_upload/Curriculum_Ethikberatung_im__Gesundheitswesen_2019-06-24.pdf (abgerufen am 29.01.2021)

Akademie für Ethik in der Medizin/AEM (2010) Standards für Ethikberatung in Einrichtungen des Gesundheitswesens. Ethik Med 22, 149–153

Albisser Schleger H et al. (2014) Ethik in der klinischen Alltagsroutine – METAP, ein Modell zur ethischen Entscheidungsfindung in interprofessionellen Teams. Bioethica Forum 7(1), 27–36

Albisser Schleger H et al. (2019) Klinische Ethik – METAP Leitlinie für Entscheidungen am Krankenbett. Springer Berlin

Andereck WS et al. (2014) Seeking to Reduce Nonbeneficial Treatment in the ICU: An Exploratory Trial of Proactive Ethics Intervention. Critical Care Medicine 42(4), 824–830

Arn C, Hug S (2009) Ethikstrukturen – Grundprinzipien und Grundtypen von Ethiktransfer. In: Baumann-Hölzle R, Arn C (Hrsg.) Ethiktransfer in Organisationen. 31–66. Schwabe Basel

Baldt B (2020) The Influence of Values in Shared (Medical) Decision Making. Ethik Med 32, 37–47

Bannert R (2012) Ethische Fallbesprechung und Supervision. In: Frewer F, Bruns F, May A (Hrsg.) Ethikberatung in der Medizin. 45–63. Springer Berlin

Baruch JM (2005) What is the Ocean State Ethics Network? Medicine Health Rhode Island 88(4), 123–126

Bauer AW, Dewies LK (2018) Klinische Ethikberatung: Hohe Anforderungen, verhaltene Umsetzung. Dtsch Arztebl 115(22), A 1046-A 1048

Baumann-Hölzle R, Arn C (2009) Einleitung – Ethiktransfer in Organisationen des Gesundheitswesens. In: Baumann-Hölzle R, Arn C (Hrsg.) Ethiktransfer im Gesundheitswesen. 9–14. Schwabe Basel

Beauchamp TL, Childress JF (2013) Principles of Biomedical Ethics. Oxford University Press Oxford

Birnbacher D (2011) Moralische Empfindungen und Intuitionen. In: Stoecker R, Neuhäuser C, Raters ML (Hrsg.) Handbuch Angewandte Ethik. 116–119. Metzler Stuttgart

Bobbert M (2013) 20 Jahre Ethikunterricht im Medizinstudium: Eine erneute Lehrziel- und Curriculumsdiskussion ist erforderlich. Ethik Med 25, 287–300

Bockenheimer-Lucius G (2018) Zehn Jahre Frankfurter Netzwerk Ethik in der Altenpflege. In: Sauer T, Schnurrer V, Bockenheimer-Lucius G (Hrsg.) Angewandte Ethik im Gesundheitswesen: Aktuelle Entwicklungen in Theorie und Praxis. 13–17. LIT Münster

Bohmann I, Bohmann J (2014) Den Körper im Coaching nutzen. In: Wienands A (Hrsg.) System und Körper: Der Körper als Ressource in der systemischen Praxis. 195–213. Vandenhoeck & Ruprecht Göttingen

Bönisch S (2017) Was bringt Vernetzung im Gesundheitswesen – Eine wirkungsorientierte Betrachtung interorganisationaler Netzwerke. Springer Wiesbaden

Boos F, Mitterer G (2014) Einführung in das systemische Management. Carl-Auer Heidelberg

Brody H et al. (1992) Medical Ethics Resource Network of Michigan – Development of a Statewide Ethics Network. Camb Q Healthc Ethics 1(3), 271–276

Bruce CR et al. (2014a) An Embedded Model for Ethics Consultation – Characteristics, Outcomes, and Challenges. AJOB Empir Bioeth 5(3), 8–18

Bruce CR et al. (2014b) Practical Guidance for Charting Ethics Consultations. HEC Forum 26(1), 79–93

Bruns F (2012a) Emotionen in der Ethikberatung. Vergleich und Synopsis. In: Frewer A, Bruns F, Rascher W (Hrsg.) Medizin, Moral und Gefühl – Emotionen im ethischen Diskurs. 303–308. Königshausen u. Neumann Würzburg

Bruns F (2012b) Ethikberatung und Ethikkomitees in Deutschland. In: Frewer A, Bruns F, May AT (Hrsg.) Ethikberatung in der Medizin. 19–31. Springer Berlin

Bundesärztekammer/BÄK (2006) Stellungnahme der Zentralen Kommission zur Wahrung ethischer Grundsätze in der Medizin und ihren Grenzgebieten (Zentrale Ethikkommission) bei der Bundesärztekammer zur Ethikberatung in der klinischen Medizin. Dtsch Arztebl 103(24), A 1703–1707

Bundesärztekammer/BÄK (2011) Grundsätze der Bundesärztekammer zur ärztlichen Sterbebegleitung. Dtsch Arztebl 108(7), A346–348

Bundesärztekammer/BÄK (2018) Hinweise und Empfehlungen zum Umgang mit Vorsorgevollmachten und Patientenverfügungen im ärztlichen Alltag. Dtsch Arztebl 115(51–52), A 2434–2441

Bundestag (2013) Gesetz zur Verbesserung der Rechte von Patientinnen und Patienten (Patientenrechtegesetz). Bundesgesetzblatt I(9), 277–282

Büscher M (2007) Ausbildung von Ethik-Beauftragten in der Sozialwirtschaft – Struktur des Curriculums und Erfahrungen der didaktischen Umsetzung. Zeitschrift für Wirtschafts- und Unternehmensethik 8(3), 347–352

Christalle E et al. (2018) Assessment of Patient Centeredness through Patient-Reported Experience Measures (ASPIRED): Protocol of a Mixed-Methods Study. BMJ open 8(10). DOI: https://doi.org/10.1136/bmjopen-2018-025896

Christen M et al. (2014) How "moral" are the Principles of Biomedical Ethics? A Cross-Domain Evaluation of the Common Morality Hypothesis. BMC Medical Ethics 15, 47. URL: http://www.biomedcentral.com/1472-6939/15/47

Coors M et al. (2015) Ethikberatung in Pflege und ambulanter Versorgung – Modelle und theoretische Grundlagen. Jacobs Lage

Dauwerse L et al. (2013) Implicit and Explicit Clinical Ethics Support in The Netherlands – A Mixed Methods Overview Study. HEC Forum 26(2), 95–109

Dauwerse L et al. (2014) Prevalence and Characteristics of Moral Case Deliberation in Dutch Health Care. Med Health Care Philos 17, 365–375

de Heer G, Kluge S (2012) Kommunikation in der Intensivmedizin. Med Klin Intensivmed Notfmed 107, 249–254

de Snoo-Trimp JC et al. (2020) Moral Competence, Moral Teamwork and Moral Action – the European Moral Case Deliberation Outcomes (Euro-MCD) Instrument 2.0 and its Revision Process. BMC Medical Ethics 21(53). DOI: https://doi.org/10.1186/s12910-020-00493-3

Deutscher Ethikrat (2016) Patientenwohl als ethischer Maßstab für das Krankenhaus. Stellungnahmen. Eigenverlag Berlin

Dieringer V (2019) Dilemma und Dissens – Zur Relevanz der Unterscheidung zweier Typen moralischer Konflikte für ethische Fallbesprechungen. Forum Supervision 27, 8–20

Dowdy MD et al. (1998) A Study of Proactive Ethics Consultation for Critically and Terminally Ill Patients with Extended Lengths of Stay. Critical Care Medicine 26(2), 252–259

Deutscher Evangelischer Krankenhausverband e.V. und Katholischer Krankenhausverband Deutschlands e.V. (1997) Ethik-Komitee im Krankenhaus. Eigenverlag Stuttgart

Dunn PM (1992) The Health Ethics Network of Oregon – a Model to Enhance Healthcare Ethics Committee Collaboration. HEC Forum 4(2), 135–148

Düwell M (2008) Bioethik Methoden, Theorien und Bereiche. J.B. Metzler Stuttgart

Engelhardt HT (1996) The Foundations of Bioethics. Oxford University Press Oxford

Fahr U (2009) Die Dokumentation Klinischer Ethikberatung. Ethik Med 21, 32–44

Fahr U et al. (2011) Empfehlungen für die Dokumentation von Ethik-Fallberatungen. Ethik Med 23, 155–159

Fandel-Meyer T (2017) Systematische Führungskräfteentwicklung gestalten. In: Prölß J, Loo M v (Hrsg.) Attraktiver Arbeitgeber Krankenhaus – Employer Branding – Personalgewinnung – Mitarbeiterbindung. 257–260. Medizinisch Wissenschaftliche Verlagsgesellschaft Berlin

Fausett JK et al. (2016) Networking Ethics – A Survey of Bioethics Networks Across the U.S. HEC Forum 28, 153–167

Foglia MB et al. (2012) Preventive Ethics – Addressing Ethics Quality Gaps on a Systems Level. Jt Comm J Qual Patient Saf 38(3), 103–111

Fox E et al. (2007) Ethics Consultation in United States Hospitals: a National Survey. Am J Bioeth 7(2), 13–25

Frewer A (2012) Klinische Ethik und Ethikberatung. Entwicklung – Schlüsselfälle – Institutionalisierung. In: Frewer A, Bruns F, May AT (Hrsg.) Ethikberatung in der Medizin. 7–18. Springer Berlin

Frolic A et al. (2013a) From Reactive to Proactive: Developing a Valid Clinical Ethics Needs Assessment Survey to Support Ethics Program Strategic Planning (part 1 of 2). HEC Forum 25(1), 47–60

Frolic A et al. (2013b) Implementing a Clinical Ethics Needs Assessment Survey: Results of a Pilot Study (part 2 of 2). HEC Forum 25(1) 61–78

Frolic AN, Drolet K (2013) Ethics Policy Review: a Case Study in Quality Improvement. J Med Ethics 39(2), 98–103

Fuchs M et al. (2010) Forschungsethik. Eine Einführung. Metzler Stuttgart

Gasparetto A, Jox RJ, Picozzi M (2018) The Notion of Neutrality in Clinical Ethics Consultation. Philos Ethics Humanit Med 13(1), 3

Geppert CM, Shelton WN (2012) A Comparison of General Medical and Clinical Ethics Consultations – What Can we Learn from each other? Mayo Clin Proc 87(4), 381–389

Gillon R (2015) Defending the Four Principles Approach as a Good Basis for Good Medical Practice and Therefore for Good Medical Ethics. J Med Ethics 41(1), 111–116

Graf N, Edelkraut F (2017) Mentoring. Das Praxisbuch für Personalverantwortliche und Unternehmer. Springer Gabler Wiesbaden

Grossmann R, Lobnig H (2013) Organisationsentwicklung im Krankenhaus. Grundlagen und Interventionskonzepte. In: Lobnig H, Grossmann R (Hrsg.) Organisationsentwicklung im Krankenhaus. 1–93. Medizinisch Wissenschaftliche Verlagsgesellschaft Berlin

Gschwandtner G et al. (2020) Unterstützungsbedarf bei moralisch-ethischer Entscheidungsfindung erheben und organisieren. Konzeptuelle Aspekte und Strategien für ein Erhebungsinstrument zur Ethikberatung im Kontext der Pflege. Ethik Med 32, 21–35

Haan MM et al. (2018) Impact of Moral Case Deliberation in Healthcare Settings – a Literature Review. BMC Medical Ethics 19, 85–85

Hartman L et al. (2019b) Integrative Clinical Ethics Support in Gender Affirmative Care: Lessons Learned. HEC Forum 31(5), 241–260

Heider U, Steger F (2014) Die Inanspruchnahme vorgeburtlicher Diagnostik – Entwicklungen, Motive und Emotionen. In: Steger F, Ehm S, Tchirikov M (Hrsg.) Pränatale Diagnostik und Therapie in Ethik, Medizin und Recht. 113–132. Springer Berlin

Heinemann W (2010a) Das Klinische Ethikkomitee – ein Beratungsgremium für werteorientierte Unternehmen im Gesundheitswesen. In: Heinemann W, Maio G (Hrsg.) Ethik in Strukturen bringen. Denkanstöße zur Ethikberatung im Gesundheitswesen. 129–158. Herder Freiburg im Breisgau

Heinemann W (2010b) Ethische Fallbesprechung als eine interdisziplinäre Form klinischer Ethikberatung. In: Heinemann T, Maio G (Hrsg.) Ethik in Strukturen bringen. Denkanstöße zur Ethikberatung im Gesundheitswesen. 103–128. Herder Freiburg im Breisgau

Hellmann G (2015) Ethikmanagement und Ethikführung. In: Hellmann G (Hrsg.) Markenzeichen Ethik! Führung durch Ethik und Identität. Ethikmanagement und Ethikführung in konfessionell geführten Krankenhäusern. 25–54. medhochzwei Heidelberg

Hermann H et al. (2016) Einwilligungsfähigkeit – inhärente Fähigkeit oder ethisches Urteil? Ethik Med 28, 107–120

Hübner D (2018) Einführung in die philosophische Ethik. Vandenhoeck & Ruprecht Göttingen

Hug S (2009) Handeln in Organisationen – zwischen Struktur und Kultur. In: Baumann-Hölzle R, Arn C (Hrsg.) Ethiktransfer in Organisationen. 17–30. Schwabe Basel

Inguaggiato G et al. (2019) A Pragmatist Approach to Clinical Ethics Support Overcoming the Perils of Ethical Pluralism. Med Health Care Philos 22(3), 427–438

Institute of Medicine (2001) Crossing the Quality Chasm – A New Health System for the 21st Century. National Academy Press Washington DC

International Council of Nurses (ICN) (2012) ICN-Ethikkodex für Pflegende. URL: https://www.dbfk.de/media/docs/download/Allgemein/ICN-Ethikkodex-2012-deutsch.pdf (aufgerufen am 01.02.2021)

Janssens U et al. (2013) Therapiezieländerung und Therapiebegrenzung in der Intensivmedizin. Anaesthesist 62, 47–52

Jaramillo C, Braus N (2019) How Should ECMO Initiation and Withdrawal Decisions Be Shared? AMA J Ethics 21(5), 387–393

Jox R et al. (2012) Änderung des Therapieziels am Lebensende: Effekte einer Klinik-Leitlinie. Dtsch Med Wochenschr 137(16), 829–833

Kahlke W, Scharrer S (2019) Das Hamburger Interdisziplinäre Ethikseminar. In: Schwoch R, Sammet K (Hrsg.) Forschen – Vermitteln – Bewahren. Das Institut für Geschichte und Ethik der Medizin und das Medizinhistorische Museum Hamburg. 35–57. LIT Münster

Kobert K et al. (2008) Der klinische Ethik-Beratungsdienst im Evangelischen Krankenhaus Bielefeld. Ethik Med 20, 122–133

Königswieser R, Hillebrand M (2015) Einführung in die systemische Organisationsberatung. Carl-Auer Heidelberg

Krizanits J (2013) Einführung in die Methoden der systemischen Organisationsberatung. Carl-Auer Heidelberg

Krobath T (2010) Zur Organisation ethischer Reflexion in Organisationen. In: Krobath T, Heller A (Hrsg.) Ethik organisieren. Handbuch der Organisationsethik. 543–583. Lambertus Freiburg im Breisgau

Lehmeyer S, Riedel A (2016) Einrichtungskonzept: Ethische Fallbesprechungen in der Pflegepraxis. In: Riedel A, Lehmeyer S (Hrsg.) Einführung von ethischen Fallbesprechungen: ein Konzept für die Pflegepraxis. Ethisch begründetes Handeln praktizieren, stärken und absichern. 161–223. Jacobs Lippe

Lehmeyer S, Riedel A (2019) Ethikkompetenzerwerb im Handlungsfeld – Voraussetzungen und Impulse für die professionelle Pflegepraxis. Ethik in der Medizin 31, 391–406

Lobnig H, Ernst M (2013) Organisationsentwicklung und Qualitätsmanagement. In: Lobing H, Grossmann R (Hrsg.) Organisationsentwicklung im Krankenhaus. 141–168. Medizinisch Wissenschaftliche Verlagsgesellschaft Berlin

Loeben GS (1999) Networking Healthcare Ethics Committees: Benefits and Obstacles. HEC Forum 11, 226–232

Maier M, Kälin S (2016) Ethik-Cafés in der geriatrischen Langzeitpflege: halten sie, was sie versprechen? Ethik Med 28, 43–55

Maio G (2017) Mittelpunkt Mensch. Lehrbuch der Ethik in der Medizin. Mit einer Einführung in die Ethik der Pflege. Schattauer Stuttgart

Makowka R (2004) Recht und Ethik. Zum Aufsatz von Günter Bertram in MHR 3/2003, S. 10ff. „Letzte Instanz – Wohltat oder Plage". MHR – Mitteilungen des Hamburgischen Richtervereins 1, 26–28

Marckmann G (2015) Im Einzelfall ethisch gut begründet entscheiden – das Modell der prinzipienorientierten Falldiskussion. In: Marckmann G (Hrsg.) Praxisbuch Ethik in der Medizin. 15–22. Medizinisch Wissenschaftliche Verlagsgesellschaft Berlin

Marckmann G, Maschmann J (2014) Zahlt sich Ethik aus? Notwendigkeit und Perspektiven des Wertemanagements im Krankenhaus. Z Evid Fortbild Qual Gesundhwes 108(2–3), 157–165

Marckmann G, Maschmann J (2017) Ethische Mangelverwaltung. Dtsch Arztebl 114(44), A 2028-A 2031

May AT (2013) Strukturinstrumente zur Klinischen Ethikberatung – Entwicklungen und Perspektiven. In: Steger F (Hrsg.) Klinische Ethikberatung Grundlagen, Herausforderungen und Erfahrungen. 17–43. Mentis Münster

May AT (2018) Klinische Ethikberatung in Deutschland – zum Stand der Dinge. In: Sauer T, Schnurrer V, Bockenheimer-Lucius G (Hrsg.) Angewandte Ethik im Gesundheitswesen. Aktuelle Entwicklungen in Theorie und Praxis. 23–34. LIT Münster

May AT et al. (Hrsg.) (2016) Patientenverfügung. Handbuch für Berater, Ärzte und Betreuer. Springer Berlin

Mertz M et al. (2014) Prinzipien und Diskurs – Ein Ansatz theoretischer Rechtfertigung der ethischen Fallbesprechung und Ethikkonsultation. Ethik Med 26(2), 91–104

Michalsen A et al. (2021) Überversorgung in der Intensivmedizin erkennen, benennen, vermeiden. Positionspapier der Sektion Ethik der DIVI und der Sektion Ethik der DGIIN. Med Klin Intensivmed Notfmed. DOI: https://doi.org/10.1007/s00063-021-00794-4

Mitzscherlich B, Reiter-Theil S (2017) Ethikkonsultation oder psychologische Supervision? Kasuistische und methodische Reflexionen zu einem ungeklärten Verhältnis. Ethik Med 29(2–3), 289–305

Molewijk B et al. (2011a) Emotions and Clinical Ethics Support. A Moral Inquiry into Emotions in Moral Case Deliberation. HEC Forum 23(4), 257–268

Molewijk B et al. (2011b) The Role of Emotions in Moral Case Deliberation – Theory, Practice, and Methodology. Bioethics 25(7), 383–393

Montgomery FU et al. (2018) Das Genfer Gelöbnis des Weltärztebunds. Ethik Med 30, 67–69

Mühlbauer BH (2015) Identität und Ethik als Ziel und Instrument für die Personalentwicklung im konfessionellen Krankenhaus. In: Hellmann G (Hrsg.) Markenzeichen Ethik! Führung durch Ethik und Identität. Ethikmanagement und Ethikführung in konfessionell geführten Krankenhäusern. 183–208. medhochzwei Heidelberg

Neidert R (2008) Späte Schwangerschaftsabbrüche als Problem des Gesetzgebers. Bundesgesundheitsblatt Gesundheitsforschung Gesundheitsschutz 51, 842–849

Neitzke G (2008a) Aufgaben und Modelle der Klinischen Ethikberatung. In: Dörries A, Neitzke G, Simon A, Vollmann J (Hrsg.) Klinische Ethikberatung. Ein Praxisbuch. 58–75. Kohlhammer Stuttgart

Neitzke G (2008b) Ethik in der medizinischen Aus- und Weiterbildung. Bundesgesundheitsblatt Gesundheitsforschung Gesundheitsschutz 51, 872–879

Neitzke G (2009a) Klinische Ethik-Komitees – Ein Sechs-Stufen-Modell zur Institutionalisierung von Ethikberatung. In: Baumann-Hölzle R, Arn C (Hrsg.) Ethiktransfer in Organisationen. 133–155. Schwabe Basel

Neitzke G (2009b) Patient Involvement in Clinical Ethics Services – from Access to Participation and Membership. Clin Ethics 4(3), 146–151

Neitzke G et al. (2013) Empfehlungen zur Evaluation von Ethikberatung in Einrichtungen des Gesundheitswesens. Ethik Med 25, 149–156

Neitzke G et al. (2015) Empfehlungen zur Erstellung von Ethik-Leitlinien in Einrichtungen des Gesundheitswesens. Ethik Med 27, 241–248

Neitzke G et al. (2016) Grenzen der Sinnhaftigkeit von Intensivmedizin. Positionspapier der Sektion Ethik der DIVI. Med Klin Intensivmed Notfmed 111(6), 486–492

Pavlish C et al. (2013) Making the Call – a Proactive Ethics Framework. HEC Forum 25(3), 269–283

Pellegrino ED (1988) Clinical Ethics – Biomedical Ethics at the Bedside. JAMA 260(6), 837–839

Poppele G et al. (2018) Das Projekt „Station David" und die Entwicklung zum demenzsensiblen Krankenhaus. In: Sauer T, Schnurrer V, Bockenheimer-Lucius G (Hrsg.) Angewandte Ethik im Gesundheitswesen. Aktuelle Entwicklungen in Theorie und Praxis. 59–72. LIT Münster

Rabe M (2017) Ethik in der Pflegeausbildung. Beiträge zur Theorie und Didaktik. Huber Bern

Rasmussen LM (2016) Clinical Ethics Consultants are not "Ethics" Experts – But They do Have Expertise. Journal of Medicine and Philosophy 41(4), 384–400

Rasoal D et al. (2017) Clinical Ethics Support for Healthcare Personnel: An Integrative Literature Review. HEC Forum 29(4), 313–346

Rauprich O, Steger F (Hrsg.) (2005) Prinzipienethik in der Biomedizin – Moralphilosophie und medizinische Praxis. Campus Frankfurt am Main

Richter G (2007) Greater Patient, Family and Surrogate Involvement in Clinical Ethics Consultation – the Model of Clinical Ethics Liaison Service as a Measure for Preventive Ethics. HEC Forum 19(4), 327–340

Richter G (2016) Ethikvisiten – Was hat sich bewährt? Anästhesiol Intensivmed Notfallmed Schmerzther 51(5), 352–356

Riedel A (2012) Ethikberatung im Hospiz. In: Frewer A, Bruns F, May AT (Hrsg.) Ethikberatung in der Medizin. 167–181. Springer Berlin

Riedel A (2016) Ethik-Leitlinien. Entwicklungsschritte und Potentialität impliziter Ethikkompetenzentwicklung. Zeitschrift für Evangelische Ethik 60, 10–24

Riedel A (2017) Menschen mit Demenz im Krankenhaus – Exemplarische ethische Konfliktfelder und situative Effekte. Z Med Ethik 63(3), 163–178

Riedel A (2019) Ethikkompetenzen vertiefen und verdichten – Welche Rolle kann die Ethik-Leitlinienentwicklung als exemplarische Methode der Ethikdidaktik in der hochschulischen Pflegeausbildung spielen? Ethik Med 31(4), 361–390

Riedel A, Linde AC (2016) Herausforderndes Verhalten bei Demenz als wiederkehrender Anlass ethischer Reflexion im Krankenhaus. Internationale Zeitschrift für Philosophie und Psychosomatik 8(1), 1–19

Rüegg-Stürm J (2009) Führungsverantwortung – Integrative Management-Ethik in Krankenhäusern. In: Baumann-Hölzle R, Arn C (Hrsg.) Ethiktransfer in Organisationen. 75–100. EMH Schwabe Basel

Salloch S et al. (2016) Was ist ein ethisches Problem und wie finde ich es? Theoretische, methodologische und forschungspraktische Fragen der Identifikation ethischer Probleme am Beispiel einer empirisch-ethischen Interventionsstudie. Ethik Med 28(4), 267–281

Sauer T (2015) Zur Perspektivität der Wahrnehmung von Pflegenden und Ärzten bei ethischen Fragestellungen – Empirische Daten und theoretische Überlegungen. Ethik Med 27(2), 123–140

Sauer T et al. (2012) Ethikberatung in der Altenhilfe. In: Frewer A, Bruns F, May AT (Hrsg.) Ethikberatung in der Medizin. 151–165. Springer Berlin

Sauer T et al. (2018) Ethikbeauftragte in hessischen Kliniken. In: Sauer T, Schnurrer V, Bockenheimer-Lucius G (Hrsg.) Angewandte Ethik im Gesundheitswesen. Aktuelle Entwicklungen in Theorie und Praxis. 91–100. LIT Münster

Scheffold N et al. (2012) Ethikvisite auf der Intensivstation. Med Klin Intensivmed Notfmed 107, 553–557

Schermann N (2010) Die Moralisierung der Organisation. Organisationsethik aus systemtheoretischer Perspektive und ihre Konsequenzen für die Gestaltung von Prozessen. In: Krobath T, Heller A (Hrsg.) Ethik organisieren. Handbuch der Organisationsethik. 525–542. Lambertus Freiburg i. Breisgau

Schildmann J et al. (2019) Do we Understand the Intervention? What Complex Intervention Research Can Teach us for the Evaluation of Clinical Ethics Support Services (CESS). BMC Med Ethics 20. DOI: https://doi.org/10.1186/s12910-019-0381-y

Schildmann J, Vollmann J (2011) Effekte klinischer Ethikberatung. Eine systematische Übersichtsarbeit zur Methodik quantitativer Evaluationsstudien. In: Vollmann J, Schildmann J (Hrsg.) Empirische Medizinethik – Konzepte, Methoden und Ergebnisse. 273–288. LIT Münster

Schlaudraff U (2006) „Nun gründen wir mal". Ethik Med 18, 294–302

Schlippe A v, Schweitzer J (2012) Lehrbuch der systemischen Therapie und Beratung. Vandenhoeck & Ruprecht Göttingen

Schmitz D (2009) Möglichkeiten und Grenzen von Beratung bei (späten) Schwangerschaftsabbrüchen. Ethik Med 21, 113–124

Schmitz S (2015) „Das ist bei uns so üblich" ist auch für konfessionell geführte Krankenhäuser noch kein ethisches Argument. In: Hellmann G (Hrsg.) Markenzeichen Ethik! Führung durch Ethik und Identität. Ethikmanagement und Ethikführung in konfessionell geführten Krankenhäusern. 83–110. medhochzwei Heidelberg

Schnurrer V (2018) Überlegungen zur Implementierung von Ethik-Beauftragten in ein Ethiknetzwerk. In: Sauer T, Schnurrer V, Bockenheimer-Lucius G (Hrsg.) Angewandte Ethik im Gesundheitswesen: Aktuelle Entwicklungen in Theorie und Praxis. 165–176. LIT Münster

Schochow M et al. (2014) Wird Klinische Ethikberatung in Krankenhäusern in Deutschland implementiert? Dtsch Med Wochenschr 139(43), 2178–2183

Schochow M et al. (2017) The Application of Standards and Recommendations to Clinical Ethics Consultation in Practice: An Evaluation at German Hospitals. Sci Eng Ethics 23(3), 793–799

Schochow M et al. (2019) Implementation of Clinical Ethics Consultation in German Hospitals. Sci Eng Ethics 25, 985–991

Scholl I et al. (2014) An Integrative Model of Patient-Centeredness – a Systematic Review and Concept Analysis. PLOS ONE 9(9), e107828. DOI: https://doi.org/10.1371/journal.pone.0107828

Scholl I et al. (2018) Evaluation of a Program for Routine Implementation of Shared Decision-Making in Cancer Care – Study Protocol of a Stepped Wedge Cluster Randomized Trial. Implementation Science 13(1). DOI: https://doi.org/10.1186/s13012-018-0740-y

Schuchter P, Heller A (2018) The Care Dialog – the "Ethics of Care" Approach and its Importance for Clinical Ethics Consultation. Med Health Care Philos 21(1), 51–62

Schuchter P et al. (2020) Organisationsethik. Impulse für die Weiterentwicklung der Ethik im Gesundheitssystem. Ethik Med. DOI: 10.1007/s00481-020-00600-3

Schuster S (2011) Umgang mit Emotionen in der Ethikberatung – Ein psychologischer Beitrag. In: Stutzki R, Ohnsorge K, Reiter-Theil S (Hrsg.) Ethikkonsultation heute – vom Modell zur Praxis. 81–94. LIT Münster

Schwing R, Fryszer A (2012) Systemisches Handwerk Werkzeug für die Praxis. Vandenhoeck & Ruprecht Göttingen

Schwoch R (2019) Vom Institut für Geschichte der Medizin zum Institut für Geschichte und Ethik der Medizin – 1963 bis heute. In: Schwoch R, Sammet K (Hrsg.) Forschen – Vermitteln – Bewahren. Das Institut für Geschichte und Ethik der Medizin und das Medizinhistorische Museum Hamburg. 8–19. LIT Berlin

Seifart C et al. (2018) Ambulante Ethikberatung in Deutschland – eine Landkarte bestehender Konzepte und Strukturen. Hess Arztebl 4, 238–240

Sellmaier S (2011) Ethik der Konflikte. Über den angemessenen Umgang mit ethischem Dissens und moralischen Dilemmata. Kohlhammer Stuttgart

Simon A (2020) Ethikberatung im Gesundheitswesen. In: Riedel A, Lehmeyer S (Hrsg.) Ethik im Gesundheitswesen. 1–10. Springer Reference Pflege – Therapie – Gesundheit. DOI: https://doi.org/10.1007/978-3-662-58685-3_66-1

Simon FB (2011) Einführung in die systemische Organisationstheorie. Carl-Auer Heidelberg

Sisk BA et al. (2020) The "Ought-Is" Problem: An Implementation Science Framework for Translating Ethical Norms into Practice. AJOB 20(4), 62–70

Slowther A et al. (2004) Development of Clinical Ethics Committees. BMJ Qual Saf 328, 950–952

Steinkamp N, Gordijn B (2010) Ethik in Klinik und Pflegeeinrichtung. Ein Arbeitsbuch. Luchterhand Köln

Stoecker R (2019) Theorie und Praxis der Menschenwürde. Mentis Paderborn

Stoecker R et al. (Hrsg.) (2011) Handbuch angewandte Ethik. Metzler Stuttgart

Strech D, Schildmann J (2011) Quality of Ethical Guidelines and Ethical Content in Clinical Guidelines – the Example of End-of-Life Decision-Making. Journal of Medical Ethics 37(7), 390–396

Strube W et al. (2011) Moralische Positionen, medizinethische Kenntnisse und Motivation im Laufe des Medizinstudiums – Ergebnisse einer Querschnittsstudie an der Ludwig-Maximilians-Universität München. Ethik Med 23, 201–216

Süssenguth F (2008) Eine (gute) Ordnung? Perspektiven auf Klinische Ethik-Komitees. In: Arndt F, Dege C, Ellermann C, Mayer M, Teller D, Zimmermann L (Hrsg.) Ordnungen im Wandel. Globale und lokale Wirklichkeiten im Spiegel transdisziplinärer Analyse. 269–288. transcript Bielefeld

Tanner S et al. (2014) Klinische Alltagsethik – Unterstützung im Umgang mit moralischem Disstress? Med Klin Intensivmed Notfmed 109, 354–363

Teichmann W (2017) Qualifikation ärztlicher Nachwuchsführungskräfte. In: Prölß J, van Loo M (Hrsg.) Attraktiver Arbeitgeber Krankenhaus – Employer Branding – Personalgewinnung – Mitarbeiterbindung. 261–264. Medizinisch Wissenschaftliche Verlagsgesellschaft Berlin

Teichmann W (2019) Wissensmanagement als Instrument der Unternehmensleitung. In: Prölß J, Lux V, Bechtel P (Hrsg.) Pflegemanagement. Strategien, Konzepte, Methoden. 71–74. Medizinisch Wissenschaftliche Verlagsgesellschaft Berlin

Tenbrunsel AE et al. (2003) Building Houses on Rocks – The Role of the Ethical Infrastructure in Organizations. Soc Justice Res 16(3), 285–307

Traudt T et al. (2016) Moral Agency, Moral Imagination, and Moral Community – Antidotes to Moral Distress. J Clin Ethics 27, 201–213

Tuckermann H (2013) Paradoxien im Wandel – Wandel als Paradoxie: Beispiel Krankenhaus. In: Vogel M (Hrsg.) Organisationen außer Ordnung. Außerordentliche Beobachtungen organisationaler Praxis. 146–158. Vanderhoek & Ruprecht Göttingen

Ulrich CM, Grady C (2018) Moral Distress in the Health Professions. Springer Cham

Vollmann J (2008) Ethische Falldiskussionen. In: Dörries A, Neitzke G, Simon A, Vollmann J (Hrsg.) Klinische Ethikberatung. Ein Praxisbuch. 87–101. Kohlhammer Stuttgart

Wallner J (2015) Organisationsethik – Methodische Grundlagen für Einrichtungen im Gesundheitswesen. In: Marckmann G (Hrsg.) Praxisbuch Ethik in der Medizin. 233–243. Medizinisch Wissenschaftliche Verlagsgesellschaft Berlin

Wapler F (2015) Kinderrechte und Kindeswohl: Eine Untersuchung zum Status des Kindes im Öffentlichen Recht. Mohr Siebeck

Wehkamp K (2015) Ethikmanagement im Krankenhaus. Vermittlung zwischen Wirtschaftlichkeit und guter Medizin. In: Hellmann G (Hrsg.) Markenzeichen Ethik! Führung durch Ethik und Identität. Ethikmanagement und Ethikführung in konfessionell geführten Krankenhäusern. 109–124. medochzwei Heidelberg

Wehkamp K, Wehkamp KH (2017) Ethikmanagement im Krankenhaus. Medizinisch Wissenschaftliche Verlagsgesellschaft Berlin

Weidemann-Zaft S, Schochow M (2012) Strukturelemente von Ethikberatung. Ethik Med 24(4), 335–338

Weingart P et al. (2006) Rasse, Blut und Gene Geschichte der Eugenik und Rassenhygiene in Deutschland. Suhrkamp Frankfurt am Main

Wernstedt T et al. (2005) Entscheidungsfindung bei späten Schwangerschaftsabbrüchen. Geburtshilfe Frauenheilkd 65, 761–766

Westra AE, Willems DL, Smit BJ (2009) Communicating with Muslim Parents: "the Four Principles" are not as Culturally Neutral as Suggested. Eur J Pediatr 168(11), 1383–1387

Whitehead PB et al. (2015) Moral Distress Among Healthcare Professionals. Report of an Institution-Wide Survey. J Nurs Scholarsh 47, 117–125

Wiesemann C (2003) Das Kind als Patient – ethische Konflikte zwischen Kindeswohl und Kindeswille. Campus Frankfurt am Main

Wiesemann C (2016) Moral Equality, Bioethics, and the Child. Springer New York

Winkler E (2008) Zur Ethik von ethischen Leitlinien: Sind sie die richtige Antwort auf moralisch schwierige Entscheidungssituationen im Krankenhaus und warum sollten Ärzte sie befolgen. Z Med Ethik 54, 161–176

Winkler E (2009) Sollte es ein favorisiertes Modell klinischer Ethikberatung für Krankenhäuser geben? – Erfahrungen aus den USA. Ethik Med 21, 309–322

Winkler E et al. (2012) Münchner Leitlinie zu Entscheidungen am Lebensende. Ethik Med 24(3), 221–234

Woellert K (2019a) Das Klinische Ethikkomitee: Ziele, Strukturen und Aufgaben Klinischer Ethik. Bundesgesundheitsblatt Gesundheitsforschung Gesundheitsschutz 62, 738–743

Woellert K (2019b) Implementierung klinischer Ethik als Teil der Unternehmenskultur. In: Prölß J, Lux V, Bechel P (Hrsg.) Pflegemanagement. Strategien, Konzepte, Methoden. 445–447. Medizinisch Wissenschaftliche Verlagsgesellschaft Berlin

Woellert K (2019c) Strukturen Klinischer Ethik an einem universitären Krankenhaus der Maximalversorgung – am Beispiel Universitätsklinikum Hamburg-Eppendorf (UKE). In: Schwoch R, Sammet K (Hrsg.) Forschen – Vermitteln – Bewahren. Das Institut für Geschichte und Ethik der Medizin und das Medizinhistorische Museum Hamburg. 303–333. LIT Berlin

Zeh S et al. (2019) Assessing the Relevance and Implementation of Patient-Centeredness from the Patients' Perspective in Germany – Results of a Delphi Study. BMJ open 9(12). DOI: https://doi.org/10.1136/bmjopen-2019-031741

Zill JM et al. (2015) Which Dimensions of Patient-Centeredness Matter? Results of a Web-Based Expert Delphi Survey. PLOS ONE 10(11). DOI: https://doi.org/10.1371/journal.pone.0141978

Zimmerman MJ (2016) Moral Responsibility and the Moral Community: Is Moral Responsibility Essentially Interpersonal? The Journal of Ethics 20, 247–263

Die Autorin

Dr. phil. Katharina Woellert
Institut für Geschichte und Ethik der Medizin
Universitätsklinikum Hamburg-Eppendorf

Katharina Woellert ist Wissenschaftliche Mitarbeiterin am Institut für Geschichte und Ethik der Medizin und Vorstandsbeauftragte für Klinische Ethik am Universitätsklinikum Hamburg-Eppendorf (UKE). In dieser Funktion ist sie hauptverantwortlich für die Entwicklung und Geschäftsführung der Klinischen Ethik am UKE. Katharina Woellert ist promovierte Historikerin, durch die Akademie für Ethik in der Medizin zertifizierte Beraterin, Koordinatorin und Trainerin für Ethik im Gesundheitswesen (K1–3) sowie systemische Beraterin, Coach und Supervisorin (DGSF).

Die Herausgeber

Prof. Dr. med. Burkhard Göke
Universitätsklinikum Hamburg-Eppendorf

Burkhard Göke ist seit 2015 Ärztlicher Direktor und Vorstandsvorsitzender des Universitätsklinikums Hamburg-Eppendorf (UKE). Zuvor war er Ordinarius für Gastroenterologie und Forschungsdekan am Inselspital in Bern und dann Ordinarius für Innere Medizin in München sowie Ärztlicher Direktor des Klinikums der LMU. Er leitete als Professor eine Klinische Forschergruppe am Klinikum der Philipps-Universität Marburg und forschte als Heisenberg-Stipendiat am Department of Physiology in Ann Arbor, Michigan (USA).

Joachim Prölß
Universitätsklinikum Hamburg-Eppendorf

Seit 2010 Direktor für Patienten- und Pflegemanagement sowie Mitglied des Vorstands des Universitätsklinikums Hamburg-Eppendorf; zuvor Leitender Pflegedirektor der Kliniken der Stadt Köln gGmbH; Ausbildung Gesundheits- und Krankenpflege, Fachkrankenpfleger für Anästhesie- und Intensivpflege, Diplom-Studium Pflegemanagement an der Katholischen Hochschule Köln und Master-Studium Sozial- und Gesundheitsmanagement an der TU Kaiserlautern.

Prof. Dr. med. Philipp Osten
Institut für Geschichte und Ethik der Medizin
Universitätsklinikum Hamburg-Eppendorf

Philipp Osten leitet das Institut für Geschichte und Ethik der Medizin des Universitätsklinikums Hamburg-Eppendorf und das Medizinhistorische Museum Hamburg. Er publizierte u.a. zu Disability Studies, zur Humangenetischen Beratung und zu Präventionsentscheidungen. Er ist Mitglied im Klinischen Ethik-Komitee des UKE.

Die Beitragenden

Prof. Dr. Ruth Albrecht
Institut für Kirchen- und Dogmengeschichte
Universität Hamburg

Ruth Albrecht hat die Arbeitsstelle Ethik im Gesundheitswesen des Ev.-luth. Kirchenkreisverbandes Hamburg aufgebaut und von 2011 bis 2020 geleitet. In diesem Rahmen war die Vernetzung von Ethik-Strukturen in der Metropolregion Hamburg eine ihrer Aufgaben.

Dr. med. Hanno Grahn
Universitäres Herz- und Gefäßzentrum
Universitätsklinikum Hamburg-Eppendorf

Hanno Grahn ist Oberarzt an der Klinik für Kardiologie am Universitären Herzzentrum Hamburg und als Intensivmediziner für die Betreuung von akut und terminal herzinsuffizienten Patientinnen und Patienten zuständig. Lehrbeauftragter, Berater für Ethik im Gesundheitswesen (K1/AEM) und Mitglied des Klinischen Ethik-Komitees des UKE.

Prof. Dr. phil. Dr. med. Martin Härter
Institut und Poliklinik für Medizinische Psychologie
Universitätsklinikum Hamburg-Eppendorf

Martin Härter ist Direktor des Instituts und der Poliklinik für Medizinische Psychologie am Universitätsklinikum Hamburg-Eppendorf. Er ist außerdem wissenschaftlicher Leiter des Ärztlichen Zentrums für Qualität in der Medizin (ÄZQ) in Berlin sowie Sprecher des Hamburger Netzwerks für Versorgungsforschung. Studium der Psychologie und Medizin an den Universitäten Würzburg, Padua und Freiburg. Promotion im Fach Psychologie und Medizin, Forschungsaufenthalt an der Yale University School of Public Health. Habilitation in Psychologie an der Universität Freiburg. Seine wissenschaftlichen Schwerpunkte sind Epidemiologie psychischer Störungen bei körperlichen Erkrankungen, Versorgungsforschung, Patientenzentrierung und die Evaluation innovativer Versorgungsformen. Er ist psychologischer Psychotherapeut und Psychoonkologe und Mitglied des Klinischen Ethik-Komitees des UKE.

Dr. phil. Pola Hahlweg
Institut und Poliklinik für Medizinische Psychologie
Universitätsklinikum Hamburg-Eppendorf

Pola Hahlweg ist stellvertretende Forschungsgruppenleiterin der Arbeitsgruppe „Patientenzentrierte Versorgung: Evaluation und Umsetzung“ am Institut und Poliklinik für Medizinische Psychologie des Universitätsklinikums Hamburg-Eppendorf und Mitarbeiterin in der Spezialambulanz für Psychoonkologie des Universitätsklinikums Hamburg-Eppendorf. Studium der Psychologie in Bamberg mit einjährigem Auslandsaufenthalt in Vancouver, Kanada. Promotion im Fach Psychologie an der Universität Hamburg zum Thema Partizipative Entscheidungsfindung in der Onkologie. Ihre wissenschaftlichen Schwerpunkte sind Versorgungsforschung, Implementierungsforschung, Personenzentrierte Gesundheitsversorgung und Partizipative Entscheidungsfindung. In Ausbildung zur psychologischen Psychotherapeutin mit Schwerpunkt Verhaltenstherapie. Weiterbildungen in Psychoonkologie und als Beraterin für Ethik im Gesundheitswesen (K1/AEM). Mitglied des Klinischen Ethik-Komitees des UKE.

Prof. Dr. med. Gerd Richter
Philipps-Universität Marburg

Gerd Richter war bis Ende 2020 Oberarzt der Abteilung Innere Medizin-Gastroenterologie der Philipps-Universität Marburg. Nach Gastprofessuren am Center for Biomedical Ethics – Clinical Ethics der University of Virginia 1994–1996 und im Department of Bioethics am National Institutes of Health (NIH) 2007 war er von 1998 bis 2020 Leiter der Klinischen Ethik sowie Vorsitzender der Ethikkommission am Fachbereich Humanmedizin der Philipps-Universität Marburg.

Prof. Dr. med. Dominique Singer
Sektion Neonatologie und Pädiatrische Intensivmedizin
Universitätsklinikum Hamburg-Eppendorf

Dominique Singer ist Facharzt für Physiologie und Facharzt für Kinderheilkunde mit Subspezialisierung in Neonatologie und Pädiatrischer Intensivmedizin. Nach wissenschaftlichen und klinischen Tätigkeiten in Göttingen und Würzburg seit 2007 Ärztlicher Leiter der Sektion Neonatologie und Pädiatrische Intensivmedizin am Universitätsklinikum Hamburg-Eppendorf. Seither auch Vorsitzender der Perinatalen Ethikkommission. Mitglied des Klinischen Ethik-Komitees des UKE.